经济学名著译丛

Lectures on Political Economy

Volume II : Money

国民经济学讲义

下卷 货币

〔瑞典〕克努特·维克塞尔 著

解 革 刘海琳 译

Lectures on Political Economy

Volume II : Money

商务印书馆
The Commercial Press

2017年·北京

目　录

第一章　货币的概念和功能 …………………………………… 1
　1. 货币的经济重要性 ……………………………………… 4
　2. 货币作为价值尺度和储藏手段 ………………………… 5
　3. 货币作为交换媒介；货币的交换价值和对货币的"需求"
　　　……………………………………………………… 13
　4. 货币与信用的关系 …………………………………… 22
第二章　货币 ………………………………………………… 27
　1. 贵金属作为货币——古代和中世纪关于货币的一些历史
　　 记录 ………………………………………………… 28
　2. 近代、特别是19世纪的货币 ………………………… 34
　3. 瑞典货币历史及当今瑞典货币与其他国家货币之间的
　　 比较 ………………………………………………… 43
　4. 货币技术 …………………………………………… 47
　5. 本位币和代币 ……………………………………… 50
　6. 从法律角度看货币 ………………………………… 54
第三章　货币流通速度：银行业和信用 …………………… 58
　1. 一般流通速度：现金平衡和信用 …………………… 59
　2. 虚拟流通速度 ……………………………………… 66

3. 信用的形式 …………………………………………………… 70
4. 银行业:关于银行业起源的一些历史记录…………………… 72
5. 现代银行业 …………………………………………………… 79
6. "理想的银行"及其实现的障碍……………………………… 87

第四章 货币的交换价值…………………………………………… 126
1. 通过货币的交换价值能了解什么? 货币的价值和商品价格…………………………………………………………… 127
2. 平均物价水平及其度量……………………………………… 131
3. 货币价值的不同理论:数量理论……………………………… 141
4. 生产费用理论………………………………………………… 146
5. 现代理论……………………………………………………… 154
6. 数量理论的缺陷:对理性理论的一个尝试 ………………… 159
7. 信用对商品价格的影响:通货学派与银行学派之间的争论…………………………………………………………… 169
8. 对李嘉图和图克学说的批评………………………………… 176
9. 积极的解决方案……………………………………………… 190
10. 结论:货币的实际组织……………………………………… 214

第一章　货币的概念和功能

参考文献：关于货币问题的文献非常之多。据卡尔·门格尔估计（收录于 *Handwörterbuch* 的文章"Geld"中），全部文献大约能填满 300 多页八开纸。然而它们的重要性与数量并不相称；当然，不同国家和不同时代关于货币的专题论文自有其价值，但是能够使我们增加货币的本质和规律知识的优秀作品相对较少。关于货币的一般理论，亚当·斯密，特别是李嘉图和穆勒（《政治经济学及赋税原理》，第三册，7-13 章和 19-24 章）的著作代表了古典学派的观点。不过，穆勒的观点由于他试图融合两个根本对立的观点而受到了损害。

关于对现代货币和货币理论史的综述，我们推荐参考 E. Nasse 的优秀论文，其收录于勋伯格手册（Schönberg 的 *Handbuch*）中（由 W. Lexis，以及 *Handwörterbuch* 中收录的卡尔·门格尔的文章进行了增补，后者更偏重理论）。杰文斯的《货币与交换机制》(*Money and the Mechanism of Exchange*)（有多语种译本），尽管并非独具匠心，但是内容充实，可读性很强。卡尔·赫弗里希（Karl Helfferich）的 *Das Geld* 是一本全新的、详尽的，并且在各方面有价值的著作，其收录于 Frankenstein 的合集 *Hand- und lehrbuch der staatswisseschaften*。G. F. Knapp 在他的 *Sta-*

atliche Theorie des Geldes（1905）中对术语方面做出了一些显著的贡献，文字引人入胜，只是有点片面。

T. H. Aschehoug 的 *Socialökonomik* 中关于货币的章节（58章及以下章节）对斯堪的纳维亚的读者特别有吸引力。

更详细的参考文献将在各节中列出。

我在上卷的前言中已经介绍了这些讲义的布局和安排。在那个方案中交换媒介理论、货币和信用理论，放在了一般原理或理论部分分册的第五部分和最后一部分，在上卷中已经对这三项进行了论述[①]。本卷中同样主要是理论性的叙述。

但是，为了保持连续性，我们也会顺便讨论一下某些与通货和信用有关的技术问题。尽管严格来说，这些都属于下一节，即关于应用经济学的内容。同时，需要注意的是，我们在这里只涉及众多信用领域中的一部分或一个阶段；即与货币不可分割的那部分，关于信用的形式，通常的说法是对现金的替代（或者，用我们更愿意使用的表达方式来说，是加快货币真实或虚拟流通速度的一种手段。因为，就目前来说，我们所说的货币仅指金属货币）。信贷的其他方面更适合在应用经济学的不同部分中进行讨论——例如在农业和工业部分（农业和工业信贷），尤其是在贸易部分；因为在贸易中不但经常用到信用，而且它还有一个由信用贸易构成的特殊分支：股票交易、股票发行系统以及证券交易，这些都与银行业有很大关联。

---

① 需要注意，关于人口的部分在上卷中被删掉了。——编者

第一章 货币的概念和功能

以这种方式限定的货币理论构成了一个完整的整体,这很明显地属于经济科学领域。在经济领域的所有其他方面,其他的条件,如技术、自然条件、个人或社会差异所发挥的作用,我们通过科学无法全面地掌握和控制。但是,关于货币理论,所有的事情都是由人类自己来确定的,例如政治家和(如果向他们咨询)经济学家;对价值尺度、货币体系、货币和信贷立法的选择权,都是掌握在"社会"的手中,而自然条件(如通货所使用的金属是稀缺的还是丰富的,以及它们的化学性质等)是相对次要的。因此在这些方面,社会的统治者们有机会可以展示其经济智慧或者愚蠢的一面。货币史所揭示出的事实是统治者经常表现出愚蠢的一面,因为历史记述了许多致命的错误。另一方面,如果说人类从这些错误中什么也没学习到,那就太过分了。毫无疑问,在过去的100年到150年间,我们在货币理论和实践方面进步了很多。但同时在这些领域也仍然存在着一些黑暗的地方,它们必须被照亮;自从包含货币和信用的交易日益取代了旧式的物物交易系统以来,人们在重要问题上仍然有不同的甚至是截然相反的意见,这很令人遗憾。因此现在即使是小错误也可能产生严重的后果,因为每一次紊乱的影响都比从前程度更高,范围也更大。

出于种种原因,我在这里不可能陈述所有关于货币的不同意见。即使是对它们的总结评述,我这样做恐怕也会让大多数读者感觉到迷茫和无助。因此,我将仅主要介绍在我看来最正确的观点。只完整而详尽地去说明一些特别重要的、其相互对立的理论之间的矛盾一直是划时代的,并且是具有全球重要性的问题。

1. 货币的经济重要性

到目前为止,我们在考虑生产、分配以及交换时,就仿佛它们是在没有货币的协助之下完成的;换言之,好像劳动者、土地拥有者以及资本家得到了实物产品的分配——而且对于前两类来说,是来自一个已经存在的相似产品的存量或供给中的预先分配——然后在他们之间相互交换这样所获得的产品。在这种情况下,除了商品之间的相对价格以外,我们并不关注任何其他的价格。利息被认为是实际资本本身的边际生产率的直接表达;或者储存的劳动和土地与当前的(目前的)劳动和土地的边际生产率之间的差异;或者更准确地说,是"等待"的边际生产率,在这里,生产资本的拥有者是其本人被视为企业家还是他被视为已经把资本借给了其他企业家的人都无关紧要。原则上,我们不考虑所谓严格意义上的企业家的利润,而是假设只要生产区域足够大,允许企业家之间完全和自由竞争,它将趋向于是零。这种对问题的简化在着手处理经济现象时是绝对必要的,因为实际的经济生活往往过于复杂,直接对其进行研究不可能有任何成功的机会。作为一种近似处理,这样做是允许的,因为毫无疑问,在许多情况下,可以把在货币的协助下进行的交易设想成是在没有货币的介入下进行的。在很多用来说明货币的本质和功能的比喻中将其描述为机器的润滑剂,从很多个角度上来看,这是非常合适的。润滑剂不是机器的组成部分:它既不是原动力,也不是精加工工具,而且是一个绝对完美的机器仅需要最小量的润滑剂。但是,我们的简化当然只是暂时的。经济学家常常走得太远,他们认为自己从易货贸易的假设中推断出来的经济规律可以无条件地应用到现实情况中,而在现实情况中货币实际影响着几乎所有的交换、投资或者资本转移。可以无摩擦运行,因此不需要润滑剂的理想机器,还没有被发明出来,尽管也许人类已经在经济领域比在机械领域表现得更接近完美。事实上,使用或者滥用货币会非常剧烈地影响实际交换和资本交易。用货币(例如用国家纸币)有可能(这确实已经屡次发生过)破坏大量的实际资本,并使整个社会的经济生活陷入无望的混乱。另一方面,通过合理地使用货币,通常能够积极地促进实际资本的积累以及生产的发展。资金或信贷都不是实际资本的替代品,也不能真正的取代它;但借助其帮助,能够促进甚至强制执行储蓄过程、限制当前消费,而这是实际资本积累的源泉——绝没有无条件的获取。信贷,就其最广泛的意义而言,有助于实现最大可能的资本生产率。一般来说,对货币及其功能的仔细研究会揭示一些令人意想不到的关系,无论在生产领域,还是在消费领域,皆是如此。并且,只要是货币(至少是金属形式的货币),就可以被造得过剩,只有通过研究其规律,才能够确定必要的条件。

2. 货币作为价值尺度和储藏手段

货币的概念涉及到它的功能,而通常其功能分为以下三个:作为价值尺度、作为价值储藏手段以及作为交换媒介。有时候,多少有些不同的变化,例如在此基础上增加储蓄的媒介、贷款媒介、支付媒介(后者指单方支付,如税收等)。在这三大主要功能中,只有最后一个是真正意义上的货币特征；作为价值尺度，任何商品都可以充当货币。事实上，与其他两种相比，这根本不是一个真正的功能，因为它与事物本身或者任何其外部物理性能都没有任何关系。对于作为价值衡量尺度的商品而言，唯一必不可少的品质是它应该尽一切可能地具有恒定的价值：这意味着什么我们将在后面研究。无论用作交换媒介的商品应该具有恒定的价值这一点可能有多么重要，这都不是必不可少的，更不是交换媒介的概念所固有的。在过去的很长一段时间内，有一类商品——贵金属，一直被用作交换的媒介，而另一类，如粮食，被用作价值衡量的尺度，尤其是在工资和税收的确定中。（直到不久以前瑞典农村神职人员的薪俸中还有一部分是用粮食计算的，尽管只是按照所谓市价向他们支付货币；现在的自由田租也是如此。）最近被提出的一项应对货币价值波动的措施是涉及将来较长期限的协议中的价值尺度（价值单位）应该是货币以外的东西，例如一些商品的平均价格（即所谓的平均价格标准）。但是，显然用作交换媒介的商品自然也会被用作同时或接近同时发生的商品和服务交易的价值衡量尺度；而且由于规定任何固定的限度很困难，或者不理想，货币已经逐渐转化成为普遍的价值尺度，甚至是对相隔很长一段时间的产品的定价。价值易于剧烈波动的商品因此被证明不适合作为交换媒介，无论它们在哪里曾经被用做过交换媒介。建立更具稳定性，如果有可能的话绝对稳定的货币价值因而成为国民经济中最重要的有实际价值的目标。但不幸的是，到目前为止，对这个问题的解决进展甚微。

同样，作为价值储藏的功能也不是货币的本质特征。人们甚至可能会说,从社会的角度来看,货币从来没有这个功能,仅仅是从个体或私营企业的角度来看它才有。社会作为一个整体只需要保留有用的东西,某些对未来有用之物。贵金属如果被细心保存的话几乎是不会损毁的,这是事实,因为它们可以不被空气中的酸破坏。因此它们作为装饰品,或者用于某些技术目的,可以无限期保存。但是,这类用途太有限、太专业化。那些囤积货币的人从未考虑(那些囤积饰品的人很少考虑)这种效用,他们的目标几乎总是在未来的时间可以用它获得别的东西。换言之,所期望保存的是它的交换价值;被囤积的是作为未来交换媒介的货币。进一步思考会发现,只有在某些明确的假设下这才是可能的或者有效的。只要当从我的囤积中取出一部分时,别人恰好同时也囤积了相同的一笔,对于立即作为交换媒介的用途而言,货币的流通量和大概的价格水平仍将大致相同。从个体的经济角度看,储蓄达到了它的目的,因为储蓄的人将在未来消费他现在放弃的且别人未来将要放弃的消费。从社会的角度来看,唯一的结果将是一部分货币供给会习惯性地从流通中被提取出来,或者如我们所乐于表达的,全部现有货币的流通速度会减慢。而且,如果每个人都同时采用相同的步骤,这样的结果将无法实现。只要储蓄持续,商品的价格就会下降,如果每个人都一样地储蓄,每个人都将继续用他剩余的收入获得同样多的商品,就好像他们没有储蓄,且实际上也没有被迫去限制他们的消费。然而,一旦如此积攒的货币返回流通,所有商品的价格都会上涨,且没有人能够增加自己的消费。因此,储蓄将不会涉及任何牺牲,并且将不会有任何结果。因此,曾经如此普遍的具体货币储蓄,可能是用来(例如说)保护自己的孩子,或者使一个人的晚年免受贫困的一个好方法(至少在没有更好的方法被发现时是这样的)。与这些一心想储蓄的年龄阶层比较起来,当然也有其他的阶层不得不使用已经存在的储蓄。但另一方面,在抵御饥荒这样的大灾难时,这显然是没有用的,尤其是在古代当谷物不能轻易地从一个国家运到另一个国家时。在不太发达的国家,比如印度,这种囤积货币(金钱本身)的习俗仍然存在。即使是最贫穷的人们,他们床下的土里也埋了银子,或者把银子作为装饰品穿在身上。他们这样做主要的目的是为经常出现的农作物歉收做储备。如果只是本地歉收而邻近地区有好收成,这种手段是很好并有效的;但是,如果歉收是普遍存在的,发生在更广阔的领域,这些积攒下来的钱其实没有多大用处(在印度建设铁路之前更是这样),并且只会将食品价格推至极高的地步。

麦考莱(Macaulay)的《英国史》(*History of England*)提醒我们这种囤积在世界各地是多么地普遍,即使在比较现代的时期。一个叫蒲柏(Pope)的伦敦商人,一位著名诗人的父亲,在17世纪末退休回到他的农庄时,携带了总计20,000英镑的金币和银币,这是一笔可观的钱,尤其是在那些日子里。在他的有生之年,他常常从这笔储蓄中取出一些用于他自己及其家人的生活费。

在法国,保存大量现款的习俗一直保持到了今天。1887年,一个人告诉英国黄金和白银委员会,他曾与法国南部的一家旅馆老板聊过,老板的年营业额达到了一百万法郎以上。当被问及他与银行的联系时,据记载他指着房间角落的一个保险箱说,"那就是我的银行"。

在更早的时期君王们经常所做的这种囤积,主要目的是为未

第一章 货币的概念和功能

来的战争进行储备,有一些不同的特点。在和平时期只要个人收入的减少可以或多或少地被更便宜的商品价格所抵消,为累积这些储备而征的税负可能不会很沉重。当战争爆发时,国家战争财富强行进入流通,随后的价格上涨迫使所有人限制他们的消费,从而产生了对军队非生产性消费的供给,因此呈现出变相战争税的特征。在18、19世纪的战争时期各国普遍发行的纸币,具有基本相同的效果,但是由于它们可以无限扩大而比较危险;也正是由于这个原因,在未来回笼这种纸币的承诺极少被兑现。

同样,从个人角度来看使用货币作为在较长时间以后的未来的支付标准是不理想和不完善的,因为所节省的资金没有投入生产,因此通常不产生任何利息。由于信贷的发展,在比较先进的国家,私人囤积几乎萎缩至完全没有了,并且已经被更经济的储藏方法所取代。所储存的货币资金通常通过银行和储蓄银行等媒介,被尽可能迅速贷出并由此返回到流通环节中。从个体的角度来看,这意味着不生息资本向有银行保证利息的有收益资本的转化。即使是货币没有得到任何利息,也还有个人不用再为看守其积蓄而感到焦虑的好处。

另一方面,人们可能会问这种安排的总体经济优势,从广义上说是否非常可观。初看起来,好像是它仅限于使所有现存的货币存量可以流通。当然,对于任何一个国家来说,那都将是一个很大的优势,因为流通中不需要的货币可以被(其实是自动地)送往国外,以换取货物或者附息贷款。但是,这也只是个体的经济优势。在一个封闭的经济体中,结果也许可以被认为是(如果我们可以预先假设)货币量的增加会带来商品价格的水涨船高。不会有什么直接的收益,因为较大的资金量和较高的价格与较小的资金量和较低的价格效果是一样的。然而,只要生产贵金属的利润减少,因此投入到这一基本上是非生产活动的劳动和资本会被使用到更多有用的用途中去,那么即使在这种情况下也会有最终的收益。

然而,在现实中,从囤积变化为现代形式的储蓄和(私有的)资本积累的经济意义比这更深远。任何人,只要他可以节省他的一部分收入并保存起来,因而从流通中撤出它,实际上也就实施了降低物价的影响,尽管作为个体看来,每个人是那么微小。其他的个人因而可以用他们的货币获得更多东西。换句话说,他们在其各自之间分配那些储蓄的人所放弃的那部分消费。这些储蓄在以后的使用,比如说在年老时的使用,牵涉分享他人的消费。总效应就好比是那些储蓄的人向他们同时代的人提供了一笔消费贷款,并且随后他们向同辈人或下一代索要资本(虽然不计利息)。

通过现代意义上的储蓄,人们可以把他们的积蓄委托给银行,银行尽快将其贷给一些能够以一种或者另一种方式高效地使用它们的企业。因此,就算有的话,货币也只是暂时从流通中撤出。因此价格不一定上涨。储蓄者所放弃消费的商品,在一个恰当有序的系统中根本不会被生产,因为本该用于生产它们的劳动和自然资源现在会被用于准备未来的产品。除了一些不可避免的经济摩擦外,在储蓄时其他的一切将维持不变,但生产将变得更加资本化,即更直接地面向未来,因此,通常更富有成效。在未来的某个时刻,当储蓄者要求收回资本时,他将因此获得一笔利息形式的额外收入,而这可以而且常常是在储蓄的期间内支付的。他并没有从下一代那里剥夺什么,而是总体上帮助提高了他们的实际收入

第一章 货币的概念和功能

和消费,因为更密集的资本化生产会带来工资和租金的提高。

储蓄立即与其所放弃的消费相称地给其他人增加提供生活资料,这种观点非常频繁地被穆勒等古典经济学家表述,然而,对于现代储蓄来说这是不适用的,这一点古典经济学家们也这样认为。储蓄所给予的益处仅在未来可见,那时由于这些节约行为,社会生产增加了。

如果我们设想一种循序渐进的资本积累和扩大生产,向生产中的原始生产要素支付的工资和租金无疑会从一开始增加,当然所增加的量一定不会等于新的储蓄。

再回到我们上卷中贮藏葡萄酒的那个高度简化的例子,如果我们把最初的3.14亿先令的资本额提高,则葡萄酒的价格V_0(此前的价格是每升67先令)将会立刻上涨,工资(和租金)也会与其一起上涨;而与此同时,利息(仍然假设是四年贮存期)将下降,直至V_0等于68.30先令,而利息下降到10%,由于这个原因五年贮存期和四年贮存期的获利一样。同时,无论新旧资本,在V_0不变的情况下(或者更确切地说,是在葡萄汁的价格微量上涨的压力下),都将会越来越多地被转向五年贮存,直至全部投入到五年期,随之V_0将再次开始上涨,且利息开始下降,等等。

或者,如果我们假定生产逐渐扩张,工资当然会随着资本的增长而不间断地提高。在上面提到的高度简化的葡萄酒贮藏的例子中,我们还发现,由于新的储蓄从3.14亿先令涨到4.22亿先令所增加的资本,或者说增加了的1.08亿先令,产生的租金和工资年增长仅为300万先令。因此,工人们远远没有"分享到储蓄者所放弃的消费"。

老一代经济学家所犯的主要错误在于他们经常把生产视为发生在一年内,而忽视了对生产周期延长的考虑。在当前的例子中,新的资本主要是被将葡萄酒贮存到下一年所吸收,这其中无须额外的劳动,而只是需要将四年葡萄酒的销售期再延长一年。

在马克思《资本论》的第二部分,正确地指出了古典经济学家的这个错误。然而,马克思在那里援引的、后来又被Tugan-Baranowsky以及其他人所引用的数字是不合适的,问题在于他们假定不仅资本增加,而且所有的三个生产要素,即劳动、资本和自然资源,也同时增加。

另外从囤积到现代式储蓄的过渡还带来了特有的现象。如果银行被开设在一个以前没有银行、大部分货币都藏在"保险箱和金库"中的地区,则这些货币投入流通后,其结果除了企业的增加外,或多或少还会有显著的价格上涨。事实上,后者是前者的必要条件,因为正是它所造成的普遍降低的消费造成了实际资本的积累,而这是更高程度的资本化生产所不可缺少的前提。换句话说,更多的企业从当前商品的生产中抽出一些劳动力和自然资源,以把他们投入到对未来生产的准备中,从长远来看,如果当前的消费没有被限制在相同的程度,这将是不可能的。正如我们稍后会看到的,银行可以在没有得到对现有货币存量控制权的情况下,通过提高信贷量,独自实现同样的结果。

众所周知,在我们这个时代经济最发达的国家中,唯一大量的货币积累是银行的金属现金储备;虽然在那些仍然主要使用金属货币的国家中,这并不妨碍公众所持有的小数额的总额(在某些情况下远远)超过银行所持有的贵金属数量。后一种情况在判断银行的货币和利率政策时确实非常重要。在这些国家中,银行的主要功能是控制对当前需求的金属货币供给或者防止发生过剩,从而调节价格和货币的价值。这些储备几乎无法被称为是未来的支付标准,因为在现实中,它们既没有为社会带来也没有带走任何实际价值。

同时,众所周知,银行的金属储备构成了对国际支付的储备,从这个意义上讲,它们无疑被视为未来支付的标准。但是,在考虑任何国家的这类货币的供给时,相比其他国家,这个国家在一定程度上是一个单独的个体,从世界和国际货币的角度上看,基本上具有一种自有的或个体的经济特征。近来,为使这一旧式囤积的最后剩余部分不再成为必要,人们已经做了很多努力,并提出了一些建议。我们将在另外的章节来讨论它能得以成功实现的条件。

3. 货币作为交换媒介;货币的交换价值和对货币的"需求"

正如已经说过的,货币还有作为支付媒介或者支付手段的功能,其中包括短期价值储藏——即在出售和随后的购买之间的一段时期,或者更广泛地说,是在收到付款或预付款与收款人付款之间的时间间隔。何谓交换媒介?它指的是一种用于交换的物品,不是因为它本身的原因,即不是被购买者消费或者在技术生产中使用,而是在一个或长或短的时间内用于交换别的东西。商人的商品也是这样,但在那种情况下,它是持续生产的问题,因为贸易和分配可以被看作是生产的一部分,作为生产过程中的最后阶段;

或者，在交易原材料或半成品以及机器或工具的情况下，作为过程的中间环节。因此，从根本上说，这些商品是生产资料，而不只是单纯的交换媒介。但即使在这种限制下我们的定义仍然太宽泛，还是不能准确地描述货币。必须补充更多的东西，即通用或常规的特性。我们将通过示例的方式说明后一种特性的重要性，进而发现货币的本质。

为此，我们将回到上卷所描述的事例中，其中有三种或更多种货物如 A、B、C，等，它们在同一个市场上被相互进行交换。在这里我们还是忽略时间因素，虽然实际上它参与每一个交换交易。如果市场上有两种商品，它们可以不借助任何交换媒介直接进行相互交换，那么在这些假设下，使用这样的媒介不会带来任何好处，尽管它仍然充当（且实际上在实物交换中充当）价值度衡量的尺度。另一方面，如果有两种以上的商品，正如瓦尔拉斯所说过的，只要货物的所有者被限制为彼此直接交换他们的供应物，就不会存在市场上的一般均衡。的确，即使在这样的条件下，市场的供给和需求的影响也会带来某种平衡：一个单位的 A 将可以交换很多个单位或者几分之一个单位的 B；类似地，一个单位的 B 也可以这样交换 C，等等。但是这些价格通常是不相关的。而在通常的价格形成中，A 对 C 而言的价格一定总是与 A 对 B 的价格和 B 对 C 的价格的乘积相同，或者也可以说，是分别用 B 的价格所表示的 A 和 C 的价格之商，在这里却通常不是这样，而是 A 相对于 C 的交换价值可能大于或者小于所说的乘积或商。例如，如果 1 镑 A 可以交换 3 镑的 B，1 镑的 B 换 2 镑的 C，但可能会发生 1 镑 A 换不来 6 镑的 C，而是比如说换来 5 镑或 7 镑的 C，具体视情况

第一章 货币的概念和功能

而定。

如果这种情况确实发生了,在国际货币和外汇市场上被称为套利的操作必然会在市场上出现;这或多或少是中间人的功能。例如,如果 A 对 C 而言的价格比上面所说的乘积或商更高,则将会对 C 的所有者有利,可以很容易地看到,它可以通过首先用 C 得到 B,再用 B 得到 A 的间接方式得到 A。换句话说,在这样的情况下,总会在或大或小的程度上,从直接交换发展成间接交换;也只有通过这种方式才可以建立总体的市场平衡,通过这个均衡一个交换关系总是可以通过两种或更多种商品的商或乘积来表示,所有的价格都这样关联起来。这种关系在极端情况下变得最为明显,这在上面提到的段落中也有描述。例如 A 的所有者不需要 C,只想要 B,而 B 的所有者只想要 C,而不需要 A,而 C 的所有者只想要 A 而不是 B。在这个例子中,假设 A 代表林业产品,B 代表鱼,而 C 代表玉米,而所有者是三个斯堪的纳维亚国家的人。在这样的情况下,虽然可能有间接交换,但直接交换自然是不可能的。例如,A 的所有者,即瑞典的人们,可能会用他们的主要商品(木材)换来一定数量的 C,即丹麦的玉米,但不是为了自己消费,而是为了交换 B,即挪威的鱼,并以这种方式来获得所需要的这后一种商品。

在这个交易中,商品 C 显然扮演着交换媒介的角色,而且,相对于用于进一步生产或者一般意义上的贸易商品而言,是真正意义上的交换媒介。该过程的唯一目的是就为了促成交换,否则即使所需要的商品就在消费者附近,这一交换也是不可能的。但它不是通常的交换媒介;它只是中间过程的媒介,对于生产者和最终消费者而言，仍像任何其他东西一样还是一个商品。由于这个原因，整个操作非常笨拙和不完善。它必须要获得并且运输与被提供或被要求的商品总价值等量的交换媒介——对于易损和易碎的物品来说，完全没必要进行这种二次运输。

如果我们有通用的交换媒介，即一种商品被任何人习惯性地、并且毫不迟疑地在交换任何商品时采用，特别是当它同时很耐用、易于运输、相对于体积具有较高的价值时，情况则完全不同。一个 A 的所有者拥有一些这种商品，我们称之为 P，他用其(P)交换他所需数量的商品 B。商品 B 的所有者转而用它从 C 的所有者那里交换来一些 C，而 C 的所有者又用它来换取一些 A。这样它又一次到了 A 的一个所有者手中。后者通常与第一个将交换介质投入流通的人不是同一个人。最后一个卖方，在交换媒介的帮助下，现在完成了对 B 的购买，而 B 的新卖家购买了 C，等等，直到商品 P（交换媒介，或货币）经过大大小小一圈又一圈的流转后，返回到原来的起始点。它现在所帮助完成了的商品 A，B，和 C 的交换量等于它的交换价值乘以它流通的次数。由于这个特性，即结束一项购买或出售后它可以立即开始一个新的交易，并且在或长或短的一段时间后，返回到起始点，使得货币被从其他商品中区分开来，即使后者有时候在转口贸易中偶尔也被作为（特殊的）交换媒介。

在现实生活中，至少在较大的社区，一枚花出去的硬币很少回到它最初的所有者手中，这是事实；而且，很自然，更不太可能在他需要做出新的支付之前返回。但是，迟早，他会代之以得到大小和价值相同的另一枚硬币，因此就他而言，货币在这种情况下完成了流转。货币具有最高程度的可替代性(res fungibilis),这是它最重要的特征之一。正如经常被指出的那样,货币流转的方式与血液的循环有相同之处,虽然只是表面上的相同。从广义上讲,全部血液不间断地在血管内循环,但同一滴血两次经过同一个毛细血管很罕见,至少连续两次这样是罕见的。

然而,从货币角度上来看,这构成了一个缺陷,而且从逻辑上讲也没有什么会妨碍在一个国家或者整个世界的现金交易用一便士且同一枚便士硬币来实现(如果我们不考虑购买和支付所需的时间因素的话)。如果我们还记得事实上至少大部分的国际贸易在进行支付时根本不用货币,那么察觉这一想法中的悖论就会比较容易了。

有人说,其他被视为商品而不是作为交换媒介的货物,进入市场只是为了再离开它。它们通常以一种简单的路径移动,很容易地从生产者到消费者,即使有中间媒介,数量也很少;由于这个原因,有时候所使用的"货物流通"的说法是非常脱离实际的。另一方面,货币总是留在市场上,虽然在不同的人手中。著名的荷兰经济学家 N.G.皮尔逊(N. G. Pierson),曾经很开心地将货币比作火车站的调车火车头:在某一时刻它拉着一列货车,在另外一个时刻它推着另一列货车;它的功能是把每一节货车带到正确的铁轨上,以便它能够抵达其目的地。但调车车头却从不离开车站。

这些观察可能看上去简单,甚至微不足道,即使在分析货币时十有八九它们也会被遗忘。但它们带来的一个影响是当货币被用作交换媒介时,其商品的特性(它的具体属性)被迫越来越多地走入幕后。商品的特性可能会再次出现，但只有当它不再是货币而成为一个普通商品的时候。因此货币被转换成抽象符号，仅仅是价值的数量。甚至罗马法学家保罗也知道货币发挥其作用是"依靠其价值，而不是依赖其数量"（non tam ex substantia quam ex quantitate）。或许可以更确切地说，从经济上来说，货币是两个维度的量，即一方面是价值数量，另一方面是周转或流通的速度。这两个维度相乘得到一定时间过程（例如一个消费年）内货币的效率（赫弗里希）或者促进商品周转的能力。从群体的角度来看，更快的流通速度和更多的数量所得到的结果相同，或者是从社会的角度来看得到完全相同的结果，即更有价值的货币财产；反之亦然。因此，确定货币交换价值的规律，或者从另一角度上看与之完全相同的控制具体商品一般价格水平和交换的规律，与确定商品本身交换价值的规律完全不同。忘记这一点、而把通常地适用于一般商品以及商品之间相互关系的情况，想象成也可以无条件适用于"商品货币"和它与商品之间的关系，这是个很大的，而且遗憾的是，也是个普遍的错误。这之所以不正确，只是因为货币不是像其他商品那样的商品。

当我们考虑货币的交换价值或商品价格的实际水平时，上卷中我们曾努力表述的价格形成规律的公式和商品之间交换价值的公式，变得毫无意义。的确，用货币实现的商品交换主要受这些规律控制：在均衡状态，对每一种商品的供给和需求必须一致。对于每一个消费者而言，商品的边际效用仍保持与其价格成比例。但是货币本身没有边际效用，因为它不用于消费，无论是直接消费或是在任何可确定的未来时间的消费。也许，它有间接的边际效用，相当于我们在用它交换时可以得到的商品,但是这反过来取决于货币本身的交换价值或购买能力,因此它本身不能调节后者。类似地,"供给"和"需求",这个可以如此方便地用于几乎世界上所有东西的表述,当实际应用到货币上时,变得模糊和毫无意义。事实上,以一定的价格提供其货物的单个卖家,确实可以被说成是"需要"数额等于销售价格的货币;而需要商品的买方可以被说成是提供或"供给"相应金额的货币。但这些个体的供给或需求组合起来只构成一个抽象的价值,而不是对于*明确地确定了货币数量*的社会总的需求或供给;因为同一笔钱,从一天到下一天,可以在几次销售和采购中发挥作用,因此既构成了供应,也构成了需求的对象。因此,在这个意义上,对货币的需求,既不能超过也不能少于供给。无论货币的数量多么小,它都可以在给定的时间内实现任何数目、任何价格的交易,只要它能够以足够的速度流通;另一方面,货物的年成交额所需要的货币数量可以是任何大小的,只要它流通得足够慢。

谋求对"流动的资金"和"手中的资金"进行区分是很常见的,因为后者会被闲置更长的时间。卡尔·门格尔在 *Handwörterbuch der Staatswissenschaften* 中关于"货币"的文章里就这样做了。他说只有第一类货币影响价格。但这种观点是不科学的,在任何情况下,都不太可能把流通货币和非流通货币区分开。一笔资金为履行其职能,必须数量很大以致永远不会枯竭,而且只是在很少见的情况下降至某个最低限度的数额以下。出于这个原因,一些钱可能常常多年原封不动地作为备用金,尽管在那种情况下,它并没有停止充当流通的手段。如果愿意,我们可以不时地用其他的货币来替代它，因此最后每一枚硬币和其他硬币将有相同的流通速度，即全部货币的平均速度，一切都取决于这一平均速度。

严格意义上所说的囤积，在文明国家中变得越来越少见，当然有人可能会说某些货币从这个国家的流通中被撤出了，但即使这也是没有必要的；在任何情况下，把一个国家的整体货币存量包括在一般货币流通速度的概念中都不存在异议。如果商品价格的改变大到对于购买耐用品（如房地产）成了有利的时机，我们将很快看到所囤积的资金成为有效地调整流通速度、进而调节商品价格的自动调节器。

人们有时尝试通过仅考虑那些在某些约定或法定日期的付款，如在月末或季度末等，以使货币需求的定义更加精确。但是并没有什么收获，因为对于那些必须在这些日期支付的人们而言，很多人，很可能是大部分人，肯定会把事情安排成让他们的货币以付款或贷款的形式在这些日期到期。由于这个原因，在这样的固定支付日期，流通速度比在介于中间的时期要大得多。

总之，在这样的交换行为中，没有什么可以确定货币的价值或者具体的商品价格。因为在本质上，被相互交换的只是货物，因此这就更加明显了。对于个体而言，如果他不得不为他所需要的商品支付平时交易的 3 倍或 4 倍的货币，那么只要他对自己的商品所收到的付款也是以相同比例的价格，则他支付多少是无关紧要的；因为和以前一样，结果将是交易实施后，货币会回到他那里。如果我们不考虑交换交易所需的时间，这种情况会发生在任何情况下。对于社会整体而言，这件事的重要性更小。至少在内部贸易的范围内，什么事情都比一个国家的货币多点或少点，或者其价值大些或小些更重要。货币数量、流通速度以及商品价格总是以所有货币都准备用于流通的方式来进行自我调整,也就是说,国内所有的货币将用来交换进行交易的全部商品。

但是,我们已经假设了最终以货币为媒介互相交换的商品是*同时*在市场上的,就广义而言,这个词所表示的就是同时交付。严格地说,在这样的情况下,对货币的流通速度没有其他限制,因此,对于特定交易量和特定价格水平下的货币需求,除了由实际支付或运输需要的时间所确定的之外,没有其他的最小限度。就相距遥远的地区之间的支付而言,后者(运输)也并非不重要,但在现代的交通条件下,这样的运输往往用不了几天。此外,货币的虚拟流通,尤其在国际支付中,由于常见的信贷抵消过程而大大加快了。

然而,上述假设在实践中很少适用。在现实中,卖方很少转换为买方;相反他始终是一个卖家,不买任何东西就离开市场。因此他所获得的货币留在他手里既可以作为在可预见的未来进行购买或支付的备用金,也可以作为对不可预见情况的储备。他的货币也因此成为他的价值储藏手段(但通常只有较短的时间)、他的潜在购买力或者未来交换媒介。换句话说,它成为一种未来柜台式服务的质押或保证(*事实上的而不是法律上的*),而这些是通过他所提供的服务获得的经济上的授权。而且,由于他所拥有的这些货币不能同时用作向别人付款和交换的媒介,因而在任何特定的时刻,可以在这里找到对*货币流通速度的真正限制*。正是全部个体*现金余额*的总量调节和限制对货币的需求,并因此改变货币的价值。在这个意义上可以说,货币绝没有耗尽其作为价值储藏的功能,但后者仍是至关重要的,特别是作为一个影响交换价值或购买力的因素而言。在使用金属货币尤其是在银行业技术发展不完善的国家使用时,这些私人储备,尽管个体很小,总和却相当大。它们往往会随着人口的增长和货币体系的发展而增加。此外,如果贵金属的生产跟不上对现金不断增加的需求,则不可避免的后果一定是货币增值以及对商品价格的压力增大。

另一方面,人们在做一个持续的,并且在许多情况下非常成功的努力,即用信贷取代货币作为储值手段这一最后残留的古老功能。从理论上讲,这个过程可能会进行到任何所需的程度,因为一个对支付的承诺(如果有妥善的担保并可随时兑现)是与提供交换媒介一样好的质押或储备。因此,在这种情况下,对流通速度的限制和对货币的需求初看起来也是非常不确定且多变的,对它们的细致检验需要全面彻底的研究。

4. 货币与信用的关系

显然,货币和信用之间有着密切的联系,信用是提高流通速度并从而减少货币需求的最佳杠杆。但是,这种联系还有另外一个非常重要的方面,即信用的提供或资本的转移本身经常是以货币的形式实现的,这也是资本积累或储蓄的进行方式。人们常说货币构成了*储蓄和资本转移(贷款)的一个手段*。这里所说的资本仅指生产(包括贸易)中所使用的实际资本,而且正如我们已经说明过的,它总是可以回溯至一种或全部两种要素:累积的劳动和累积的自然资源。可以想象的最简单的资本积累和资本化生产形式

第一章 货币的概念和功能

应该是劳动和自然资源的拥有者亲自使用它们来创造用于未来生产和消费的对象。但是,特别是对于劳动而言,实际上永远不会如此。通常劳动者构成一个组,而把他们投入生产的企业家构成了另外一个组。第三个组由那些积累资金(储蓄者)、自愿推迟当前他们在经济上有能力享受的消费、从而使未来生产成为可能的人构成。资本积累和转移几乎总是通过货币手段实现的,通常是按照下面这个简单的模式进行的。

一个地主省下一部分收入购买了附近正在建设铁路的股票或债券。铁路董事会把这样得到的钱支付给一些工人,这些工人则为自己提供了来自地主土地上的牛奶和其他食品。地主把流回到他那里的货币按比例地再投资于股票或者债券;诸如此类。如果地主愿意的话,他可以直接消费这种劳动的产品,例如,他雇用同一批工人在狩猎中助猎。与之相反,现在劳动以一种贮存起来的形式被使用,以使未来的铁路交通成为可能。这就是*实际资本的积累*。如果我们加入举例用的马匹,在一种情况下它们可以被用于狩猎,在另一种情况下,地主可以把它们作为建设铁路的役畜出租而获得现金支付,我们将因此包括了资本中的另一个要素,即*贮存的自然资源*,只要我们把牧草、干草、燕麦等用来喂养这些马的饲料视为本质上代表土地租金。即使是形式最复杂的资本积累和转移,以及现有资本的转化,都或许可以用相同的方式来进行分析。在这里也一样,正如我们已经看到的,货币交易仅代表现实经济现象的形式;任何数量的货币,无论多少,显然足以实现任何金额的资本积累和资本转移。换言之,一个国家的货币数量和资本数量相互之间并没有必然的关系。

在这一点上，丹麦著名经济学家 W. Scharling 持相反的意见。在他看来，货币除了充当交换媒介外，也"代表资本"。"人们常常认为，"他说（Bankpolitik），"每次黄金产量的增加都会相应地提高流通中的货币量，但在现实中只有一部分金属进入流通领域，往往只是极其微小的一部分，只要资本供给的不断增加需要货币、资本等的不断增加。"为了支持这一观点，Scharling 引证了从 1873 年至 1886 年间，大金属银行的总金属持有量从 3,329 百万德国马克增加为 6,044 百万德国马克，而同期基于这个金属储备所发行的纸币量从 11,328 百万降至 10,389 百万的事实。由于纸币的量总是超过金属准备金的量，坚持后者的一部分已经"从流通中撤出"几乎是不可能的。Scharling 似乎也忽略了几乎同时大量增加的支票使用，在大多数情况下，它和纸币或金属货币发挥的作用完全相同；因此，可以说"闲置资金"一直在流通，就好像基于它发行了相应的纸币一样。

一个看上去支持 Scharling 观点的事实是，在大萧条时期，金属货币通常堆积在银行，而在同时大量库存的货物堆积在厂商手中（积累的实际资本）。当形势好转时货币进入流通，而库存的货物开始被劳动者和其他的固定资本生产者消费；换句话说，一些流通资本转变成固定资本。但是这种关系比实际所表现出来的更加明显。通常是初期的失业、低工资和减少的消费，以及价格的下降，降低了对金属货币的需求；而形势好转了的情况恰恰与之相反。

而且，Scharling 曾经多次表示央行的金属准备金过于庞大，而如果要求它来代表积累中的更大量的巨额实际资本，情况很可

第一章 货币的概念和功能

能不是这样的[①]。

但是,由于信用的不同阶段,无论是构成资本转移那一类还是取代货币成为价值储藏手段进而提高流通速度的那一类,一直重叠在一起,且无法完全区分,因而货币市场和资本市场(信贷市场)总是(无论在流行的观点和言论中,还是很大程度上在现实中)同一个;或者更准确地说,它们会互相影响,因此轮番占据主导地位。特别是在理论上应该只是一种形式的货币贷款利息,它是生产中所使用的实际资本的自然利率的市场体现,可能会偏离后者较长或较短的时间,特别是在信贷机构的协助下。随之而来的有两个后果。首先,正如我们所指出的那样,金融机构可能产生相当大的影响,无论是通过刺激或延缓经济生活。其次,也是更重要的是,自然利率和市场利率之间关系的变化一定会对信用使用的程度施以决定性的影响,从而最终对调节货币价值或者其购买力的因素产生决定性的影响。

我们在下面几页中的目标是更仔细地检验货币的基本性质和功能。因此我们的问题会自然地分为三个部分:(1)货币自身(通货)的理论,为简单起见,除非另有声明,否则我们所说的货币指金属货币。(2)广义上的货币流通理论;或者说是信贷和银行理论,两者完全是一回事,至少我们将考虑这个问题。(3)货币的价值或者它对商品或服务的购买力的理论,以及该理论的实际应用,即在空间和时间上保持货币稳定性的方法,以及建立交换媒介,同时尽

[①] 在 *Geldzinsund Güterpreise*(耶拿,1898 年)一书中,我已经提出对 Scharling 的反对意见(第 106 页)。K. Helfferich 随后从相同的角度批评了它们。

可能地使其具有价值支付的稳定贮值功能的方法。

  这个问题的三个部分当然不能完全分开,特别是把第三个和前两个分开。事实上,正如我们已经对货币价值变化的原因提出了一些初步的意见一样,在以下几页中,我们也将不得不这样做。迄今为止非常遗憾地被经济学家们所忽略了的对整个货币价值理论的一个连贯的介绍,将构成我们研究中最后的、最困难的、同时也是最重要的一部分。

第二章　货币

参考文献：上文中所提到的 Nasse-Lexis 的著作，特别是赫弗里希的著作。*Handwörterbuch* 中关于货币、货币联盟、贵金属、金、银、复本位制和平行本位制等的文章及其中所提及的著作。当代对贵金属生产的叙述见 *Statistisk Arsbok*；另外参见 Davidson 的 "Guldproduktion och Varuprisen"（*Ekonomisk Tidskrift*，1901，525 页，以及作者在同一个杂志后续期刊的论文）。

在距现今已经有些遥远的单本位制论者与复本位制论者之间的热烈辩论中，我们可以引述的后者的代表人物有：Wolowski，Cernuschi，O. Arendt，Laveleye，Ad. Wagner 和其他的一些人，单（金）本位制论的代表人物包括 Soetbeer，Roscher，Knies，Bamberger，Nasse 和其他的一些人，以及近代的卡尔·赫弗里希。

Babelon 在其 *Les Origines de la Monnaye* 中（亦参见 Ridgeway 的 *Metallic Currency and Weight Standards*）以一种明了且有趣的方式探讨了古代和中世纪前期货币的一些难题。关于早期的瑞典货币和货币体系，参见 H. Hildebrand 所著 *Svenska Medeltiden* 中的相关章节，以及 C. E. Ljungberg 在 *Statsekonomisk statistic överSverige* 上的论文。关于瑞典金本位制的采用，参见 1870 年 8 月 13 日的 *Kommittébetänkande*，1873 年提交给

银行和法律委员会的 *Handlingar*，以及该委员会的报告，还有同年的瑞典国会议记录。

1. 贵金属作为货币——古代和中世纪关于货币的一些历史记录

关于货币使用的开始我们没有确切的了解。Karl Bücher 在其 *Wirtschaft der Naturvölken* 中提出的推测似乎得到了很多赞同，即在某个地方的某个部落中，一种商品本身并非生产目标，而只是与其他部落交换得来的，一旦其特性被证明适合这种用途，就会一直具有货币的特征。在交换中使用这种商品、储存这种商品直到下一次大篷车或货船抵达的这种习惯本身，就会导致在这个地方该商品或多或少地被接受为交换媒介。必须记住，一旦在足够大的范围开始使用，这种使用就将会被保持并发展。不过人们已经知道，在地球上的文明种族之间，贵金属（金和银）很早就被用作交换的媒介，并逐渐取代了其他媒介。使它们特别适合这一目的的特性并不难发现。那就是它们的美丽与光华，其耐用性、相对稀少以及由此所产生的价值（它们被作为货币使用后价值进一步增加），因此大量价值可以很容易地进行运输或囤积。此外还有它们的同质性，这是贵金属的一种优点，货币作为可替代物（res fungibilis）的基本性质基于这一点得到高度应用；它们的延展性以及可以被无限分割或者合并成更大一块的特性，例如，白金就不具有这种特性，宝石则更不具有这种特性。最后，它们还具有一种在一开始时没有被理解，而是受到了怀疑的性质，即价值稳定的性质，由于除了作为货币外,它们几乎只被用作装饰品,所以很少会受到磨损,而且磨损的量通常也只是总存量的一小部分。除了贝壳以外①,其他曾经被以及仍旧在被原始民族用作交换媒介东西中,全都不具备这种特性,比如毛皮、盐饼、茶、可可豆以及牛等。在这些情况下,我们所讨论的是不断被消耗,而且其存量不容易与正常生产和消费的数量成比例的商品。如果生产和消费不吻合,必然带来交换媒介的过剩或不足,随之而来的是价值的改变,以及其他商品价格的上涨或下降。在金属中,铜是这样,铁更是这样,两者以前都曾经被广泛地用作交换媒介(希腊语中的 obolos 原意是小铁棍,drachme = 6 obolos,即手里可以拿多少小铁棍,我们应该记得,在古代,铁是一种比较罕见的金属)。至于铜,也是古罗马最初的铸币金属,很多现今的表达还能使我们联想到它的重要性,aerarium(古罗马的国库)= treasury(国库),estimare(价值)= 用铜表示的价值(aes)。这种金属在瑞典的历史中也发挥了决定性的作用,甚至一直到了 18 世纪;在俄罗斯也是这样。但是,我们也知道铜板和铜圆价值的剧烈波动,加之它们比较重,使它们特别不适合于铸币。铜或铜与锌及锡的合金(青铜)在很多国家仍作为代币使用的事实,则完全是另一回事,因为在这种情况下,我们将很快看到,金属的内在价值是相当次要的。事实上,铜钱的真正价值仅仅是其法定价值的一小部分。

在古典时期的鼎盛阶段,银和金都曾被作为重要的交换媒介

---

① 玛瑙贝壳在较近代的时期,在亚洲南部的许多地区(半岛和岛屿)以及南非被用作货币。据 Laughlin 说,贝壳串珠(另一种贝壳)在马萨诸塞州一直被用至 17 世纪。

和价值标准,更早的时候,还有"埃雷克特鲁"(electron)——它应该是一种金和银的天然合金。现在,我们对它们的数量感到非常惊讶,特别是对存在于马其顿统治者统治下的希腊和恺撒所统治下的罗马的黄金;如果权威人士是正确的,这个数量甚至可以与这些金属的现代存量相比。由于古代的人口比现代少很多,即使按人口比例,其交易量也无法与当今社会相比,因此很难理解这么大量的贵金属有什么用处。而且,我们应该注意,那时人们还不知道提高货币流通速度的现代方法,因此特别是那种囤积,即便是为了作为自己财富和炫耀的形式,也达到了我们当代人所无法理解的程度。

在中世纪期间,这些积蓄中的大部分流失了,知名的矿枯竭了;贵金属的稀缺是一种普遍现象,根据各种迹象判断,在中世纪晚期它们的价值似乎已经大幅上升,直到发现了波希米亚、蒂罗尔,尤其是发现了南美洲和中美洲,关于矿藏所引起的变化我们将在后面更多地讲到。

硬币或铸币的起源同样是模糊的,并且仍然是一个有争议的问题。在早期硬币的特别形式中发现了一些物品的图像,如鱼、牛、家庭器皿等,它们在以前曾被用作交换媒介,或者至少被用来度量和储藏价值。但是或许那时铸造货币的目的是通过固定贵金属的重量及成色来使交换更容易。然而,在整个古代,这种用重量为贵金属估值的做法一直与铸币相伴的持续着,就如同人们在东亚所做的那样。很多古老的名称如"talent(天才)"、"mines(矿)"、"shekels(谢克尔)"等最初都是一定重量的金或银的名字。圣经上的文字显示,这种做法在希伯来人中间也很普遍。《但以理书》(*Book of Daniel*)中众所周知的神秘文字"Mene,tekel,upharsin",根据一种解释,无非是三种重量和三个硬币的名称;"mene"不过是希腊语中的"mena"或"mina","tekel"是"shekel"等。因此,可以把这些词不拘泥于文字地翻译为磅、先令和便士。

当国家发展起来以后其政府接手了铸币,当人们用这样的铸币支付税赋时,这种付款方式可能与按金属重量支付一起占据了优势。这种方式当然大大促进了贸易,虽然它有一种使货币贬值的强烈诱惑,这种贬值的做法从罗马古代(在 Septimus Severus 和他的继任者统治之下)开始就不断地在货币史上出现,一直到最近的现代。因此,最初的货币重量名称渐渐变成了纯粹的虚名,毫无意义。在这里要特别强调货币持续贬值的一个原因,因为它是金属货币所固有的本质。在金属由于贬值而无法用作交换媒介之前,用很容易通过外部形式识别其量的金属作为交换媒介,而不必每次交易都不得不带着天平和检验石,有很大的优点,以至于通常可以允许货币在重量或组成上的一些不均等。更早的时候,在通过合金的手段使贵金属更耐用以及通过艺术设计保护硬币免予被不适当的弄残缺和刮擦的技艺出现之前,货币比现在更容易被磨损和受到损坏。如果一个国家的硬货币由这些残币组成,那么试图通过铸造新的足值硬通货来复原它是徒劳的。这些可以和旧残币一样廉价地获得的新货币,被囤积者急切地收集起来或者被熔化并送往国外。这就是所说的劣币驱逐良币。这一法则被称为格雷欣法则(Gresham's Law),在古代众所周知。因此,政府只有两条可行之路,或者将全部货币收回,熔化并重铸,这是代价非常高的;或者是以更低的价值铸造新币,这是迈向货币贬值的第一步,并很快就开始被效仿。

最后,关于黄金价值和白银价值之间的关系以及这些金属用商品来衡量的交换价值,出现了一些非常困难的问题。

在古亚述帝国,以及小亚细亚和波斯,在很多个世纪中黄金和白银之间的关系据说曾经是 $13\frac{1}{3}:1$。究其原因似乎是埃雷克特鲁这种金银天然合金的价值被计为银的 10 倍,而纯金的价值还要高出 $\frac{1}{3}$。金和银的不同重量单位被应用了相同的名字(talent,mines,states,等)。但后者比前者重 $\frac{1}{3}$,且价值为前者的 $\frac{1}{10}$。在发现了色雷斯和马其顿的金矿以及亚历山大大帝散布了在东方得到的黄金储备之后,这个比价无法再被维持了,黄金和白银的"mine"或"talent"被赋予了相同的重量,因此价值之比成为10∶1。

在黄金和白银铸币起步较晚的罗马,这两种金属之间似乎没有发展出固定的价值比率。在皇帝的统治下,黄金这种通常按重量接受的金属逐渐成为真正的货币金属,而银由于连续不断地贬值,沦为代币。最终连国家都拒绝接受它,并要求用黄金缴纳税款。然而这种金属日益稀少,所以其价值比率逐渐上升,在尤里乌斯·恺撒时期为 9∶1,到查士丁尼法典(Justinian's Code)时是 14.4∶1。在中世纪,价值比率向相反的方向运动:黄金和白银,尤其是后者,变得越来越稀缺,所以,在 16 世纪初,价值比率为10.3∶1。

很难说早期在固定这两种货币金属之间的法定比价上所做的努力在何种程度上是真正成功的。从严格的现代意义上来说,复

第二章 货币

本位制几乎没有任何问题，有问题的是在过去很长时间里以及当代所存在的类似我们称之为平行本位制的东西。两种货币金属甚至是相同金属的不同货币形式，各有其用场，而且彼此一起使用，根据情况要求使用一种或另一种金属或者不同类型的货币进行支付。但是另一方面，不能断言法定比价只是形式上的，对实际交换比价或两种金属相互之间的定价没有影响。显而易见，在许多经济学者看来会使固定两种均作为标准币的金属之间的比价成为不可能的格雷欣法则，在两个不同的国家之间是头等重要的。如果在两个邻国的边界上存在着活跃的商业往来，而且两国所设立的足值金币和银币之间的比价不同，则每种金属都迟早会流向其价值相对较高的国家，这是不可避免的。在古代有这种例子。但是在法定比价占主导的更大或者更孤立的领土上，更有可能的是它会真正决定交换关系，甚至个体之间的交换关系，尽管如果两种金属中的一种或另一种变得过于丰富，则也许这种情况最终是不可能的。

　　对于在早期时候货币相对于其他商品的购买力及其变化的原因这个极其晦涩的问题，可以给出类似的答案。毫无疑问，风俗习惯在这方面也发挥了重要的作用。在一个更先进的经济体系中，各种商品相对于彼此之间或者相对于货币的价格确定很容易受市场的影响，而在一个原始系统中，这是一个极其困难和复杂的问题，如果这些价格由官方清单所确定，就像直到比较近代才经常发生的那样，人们通常会感到很欣慰，因为它对应着一个实际的需要。然而，在抽象的理论中单独控制价格形成的经济力量总会表现出一种趋势，当压力变得强大时，它们能够克服惯性形成新的价格，而新的价格反过来又会获得风俗习惯的力量。实际上，可以从古代引证到非常清晰的这种例子。同样，如果对古代和中世纪晚期进行比较，我们将发现，在前一时间段有大量的贵金属，而在后者时期贵金属稀缺，价格水平也反映了时代特色，例如，据猜测在安冬尼时代，物价曾和当前一样高；而在中世纪，至少在斯堪的纳维亚半岛，那些可能拿来进行比较的生活必需品的价格只是现在价格的一小部分。

2. 近代、特别是 19 世纪的货币

中世纪末期，在蒂罗尔州（Tyrol）和波西米亚〔约赫姆塔尔（Joachimsthal）在北波西米亚，单词"thaler（泰勒——德国银圆）"和"dollar（美元）"由此而来〕发现了新的银矿；发现美洲后，西班牙人拥有了大量的黄金和白银储备，以及在玻利维亚极其丰富的波托西银矿。此外，在 18 世纪，用水银从矿石中提取银的技术取得了巨大进步。结果，在 16 世纪的后半叶和整个 17 世纪，所有商品的价格都逐步上升，尤其是白银对黄金的价格从 16 世纪中叶的 1∶11 下跌到了 17 世纪末期的 1∶15。即使是以价值计算，白银的产量也占据了主导地位，这种情况一直持续到 19 世纪中叶；当时它大约占到了 $\frac{2}{3}$ 到 $\frac{3}{4}$ 的年度生产总值，相比之下在 18 世纪中叶时则大约占到 $\frac{3}{5}$。在中世纪的最后一个世纪，情况正好相反。全球的货币供应因此变为以白银为主导。在 18 世纪，只有英国在流通中保留了一定量的黄金，其原因我们稍后再介绍；而且由于其银

币已经磨损和贬值,它事实上在 18 世纪末(正式说是 1816 年)转为了金本位。从 17 世纪中叶一直到整个 18 世纪,黄金和白银之间的价值比率仅在 $13\frac{3}{4}:1$ 和 $15\frac{1}{4}:1$ 之间变化,而在 19 世纪上半期在 $15\frac{1}{2}:1$ 和 $15\frac{3}{4}:1$ 之间变化。

1848 年和 1851 年在美国加州和澳大利亚发现了金矿,之后在新西兰和科罗拉多州等也发现了类似的金矿。黄金产量因此突然增加了 10 倍;这 25 年的产量和在此之前 250 年的产量差不多,这二三十年中的黄金年产量在价值上是每年所产白银的 3 倍,重量上是其 $\frac{1}{3}$。从统计数据上可以看出,贵金属存量的增加对商品价格并非没有影响,尽管 1857 年金融危机延缓了价格水平上涨。另一方面,人们本来期望白银对黄金的价格大幅上涨;但是,奇怪的是,这并没有发生。尽管影响黄金和白银生产的条件发生了重大变化,它们的相对价值仍然又保持了 20 年(直至 19 世纪 70 年代)——与已经盛行了 200 年的价格相似,即 $15\frac{1}{2}:1$ 或略低一些。这种状况无疑为复本位制论者提供了有利的证据,他们主张可以通过法律(尽管是在一定的限度内)在两种金属之间有效地建立稳定的关系,因此两者均可作为自由铸币的标准和完全法定货币。事实上,欧洲两个最重要的商业国家,早在 18 世纪初就已经建立了黄金和白银铸币之间的法定比率。如果在这两个国家的比率相同,则市场价值极有可能与此相关联,且这两个国家的流通媒介也极有可能是由黄金货币和银货币共同组成。然而,这种情况并没有发生。在英国所建立的比率为 15.2∶1,高于同时期黄金相对白银的市场价值。法国的比率为 $14\frac{5}{8}$∶1,较低一些。如果更确切一些,也许应该说市场价值在这两个范围之间波动。结果是金币从法国流向了英国,而足值的英国货币从英国消失了,只剩下了残币,完全符合格雷欣法则。这也是为什么英国没有为了用足值货币取代残币而收回并熔化残银币,而是恢复了金本位,并且为了达到这一目的而禁止了白银自由铸币的原因之一,结果银价下跌,这时再收回并熔化残币就变得合算了。然而,就在这之前不久,法国将其比价提高到了 15∶1(随后被称之为复本位平价),于是成功地使一定量的黄金与白银一起处于流通之中保持了一段时间(直到大约 1820 年)。随着 1848 年生产条件的革命性变化,产生了以下结果:黄金和白银之间的市场比率跌到了 $15\frac{1}{2}$∶1 以下——这是法国货币法所确立的比率。因此黄金开始流入并独占了流通,而多余的银被熔化并出售给了其他国家——很大一部分流向了印度和东方。疲软的白银成了黄金的保护伞,防止了将会发生的价值下降。确实,当时除了复本位制的国家,也有银本位和金本位制的国家愿意吸收任何已经变得过剩的金属。但如果大多数国家都推出了与法国有相同比率的复本位制,则结果即使不是更有利的,也可能是与之完全相同的。

贵金属在市场上的这些动向成为了 1865 年法国、比利时、瑞士和意大利之间所谓的拉丁货币联盟的直接原因。所有这些国家都采用了法国的货币体系,而且银币和金币可以在几国之间非常自由地流通,尽管货币的国名不同。当白银开始流失时,人们开始担心它会全部消失，为了确保足够的小面额支付，有人提议将低面额的银币（2法郎和1法郎及以下的）转换为代币，并按这种方式铸币。各国政府之间由此达成了一项协议，在一定条件下，保证接受贬值的银币。5法郎依然是足值的，可以自由铸造；事实上，在拉丁货币联盟内它们仍然保持着其作为法定货币支付任何款项的地位。

然而，在19世纪70年代初所发生的一件事情完全打乱了黄金和白银之间200年来的稳定，并给欧洲的货币体系以及几个欧洲以外国家的货币体系赋予了全新的形式。在那个时候，其他欧洲国家，有的是银本位，如德国和斯堪的纳维亚半岛〔瑞典也铸造金币（ducat和carolina），但它们以不同的比价被接受，而且几乎很少流通〕，有的是贬值的纸币，如在奥地利和俄罗斯。如果这些国家当时也逐渐加入了拉丁货币联盟，按照依法设定的比率铸造银币和金币，则黄金和白银之间的传统比价有可能被保留下来。事实上，在1870年战争爆发前不久，德国曾经考虑过加入拉丁货币联盟，但是由于战争，这个计划没有实现。相反，德国选择了采用金本位制并卖掉它们不再需要用作代币的所有白银；1873—1875年，斯堪的纳维亚国家立即效仿了德国。毫无疑问，一个怪诞的想法是这件事情的一个促成因素，即英国的经济霸主地位在某些方面与它的金本位制有关。但这件事的过程却令人不安。事实上，德国并没有成功地卖掉它所有的白银，其中一些一直延续到了1907年，而且仍以"泰勒（thaler）"这种不被看作代币而是如金币一样的法定货币的形式存在。大量的白银被抛到在市场上。由于新矿和新方法的发现（炉子和后来的电解过程取代汞合金处理），白银产量急剧增加；而黄金的产量，尽管仍比 1850 年以前大很多，却开始减少。与此同时，在拉丁货币联盟内，白银再次开始流入，而黄金开始流出。这些不想失去黄金的国家别无选择，只能首先通过共同的协议限制，随后（1878 年 11 月）完全暂停了银币（5 法郎）的自由铸造。

早些时候，俄罗斯就已经采取了同样的措施，接下来的是奥地利。这两个国家仍然有不能兑换成硬币的纸币，但是由于银价下降，纸币现在已经涨到了票面价值，甚至超过了票面金额；由于这个原因，个人自由铸币又开始变得划算起来。但是，由于现在想用纸币交换的是金币，而不是银币，即采用金本位制，因而这时候铸银币将会压低纸币和银币相对于金币的价值，故而不合时宜。

因此，旧的双币制，无论是严格意义上的复本位制，还是仅仅是平行本位制，在欧洲都不再存在了。白银已经退化成一种普通的商品，并且其市场价格一降再降。美国徒劳地试图通过著名的布兰德法案和谢尔曼法案（Bland and Sherman Bills）去维持白银的价值，作为一个白银出产国这时维持白银价格符合其利益。在南北战争之前，在美国有法定的复本位制，但自从比率被定为（自 1834 年）高达 16∶1 之后，事实上当时只有黄金仍在流通。因为战争，无法兑换成硬币而且很快就大幅贬值的政府纸币——即著名的绿背美元，一直存在于市场上。一直到 1879 年，他们才成功地使这些纸币恢复到票面价值，然后开始赎回它们。有人认为允许自由铸造银币太危险，但此前不久颁布的布兰德法案规定政府应每年购买一定数量的白银并铸成用以作为发行一种记名票据的准备金，即所谓的银证书，这个数量大致相当于美国本国的产量。

谢尔曼法案提高了这个数量,根据这个法案,使用不可兑换的中期国库券进行支付。然而,由于白银持续贬值,这些措施的不足变得很明显,并且随着黄金开始流出该国就更是如此。驱动欧洲国家恢复白银自由铸币的所有尝试都失败了。存在有序货币的重要国家中仅有印度依然允许自由铸币,其银本位一直保持到了1893年。但英国和印度货币价值之间日益扩大的差距造成了诸多问题;当这些问题越来越明显后,英印政府决定(1893年)停止卢比的自由铸造。随即美国也放弃了白银,除了代币,并从此把全部精力投入到黄金交易的维护中。

曾经在19世纪80年代初表现出明显减少迹象的黄金产量,近年来由于在科罗拉多州、德兰士瓦省和克仑代克所发现的新矿藏而迅速提高;以至于在本世纪初,黄金产量不但恢复到了五六十年代的产量,而且增长到了当时产量的3倍之多。同时,白银的产量也有所增加,尽管它的价值急剧下跌,可是看上去在1893年至1907年开始变得稳定。不过,即使是按照银原来的价值计算,黄金产出还是显著地高于白银,但这时白银的产量大约是1860年产量的五倍。然而现在黄金的价值比白银高出35倍之多,甚至一度达到40倍,而在1873年之前这个比价从未高于15.5∶1或16∶1,即使在黄金产量仅为白银产量的很小一部分(以价值计算)的时候也是这样。

在英格兰,金属银的价值通常用每盎司多少便士表示。在英格兰,纯度为$\frac{11}{12}$的黄金按照每盎司(约31克)3英镑17先令10.5便士(=934.5便士)的比率铸造;因此如果两种金属的成色相同,为了确定金银之间的价值比价,只需要使用便士表示的银价除以该数字。所谓的英国铸银、标准银(不要与现在英国银代币的含量相混淆,目前银代币中的含量要小得多),其纯度比铸金略高一些,即$\frac{111}{120} = \frac{37}{40}$。因而上面提到的总值必须按$\frac{111}{120} : \frac{11}{12} = 111 : 110$提高,或者说是943便士;如果用这个数除以用便士每盎司所表示的牌价,就会得到正确的比率。因此26便士的银价所对应的金和银之间的价值比率是943∶26(约等于36.1),而复本位平价为15.5∶1,当它仍与市场价格吻合时,每盎司标准银的价格是943∶15.5($=60\frac{13}{16}$便士)。

很少有人怀疑银价下跌的主要原因是货币政策的改变。如果在文明世界中白银再次和黄金一起被用作标准币,并且可以自由铸造,那么它的市场价值肯定会大幅上涨,不大可能是原来的1∶15.5,如果后者被保留为法定比价的话。目前,似乎没有什么实际的理由来进行这样的尝试,因为世界黄金产量看上去很充足,而且储量(现在主要通过采矿获得,而不是像从前那样在旧河床里淘金)足够满足欧洲国家和美国的需求,甚至可以支持欧洲以外的国家也采用金本位制。然而,这是权宜手段[1]的问题,不会影响复本位制的理论基础,这个理论基础基本保持不变,如我们稍后将指出的,即使它引领我们超越了它的拥护者从中所得出的结论。

然而,目前在任何实行货币管制的国家都不存在白银的自由

---

[1] 由于世界大战后向金本位制的回归,人们已经开始担心在不久的将来会出现黄金稀缺的威胁。

第二章 货币

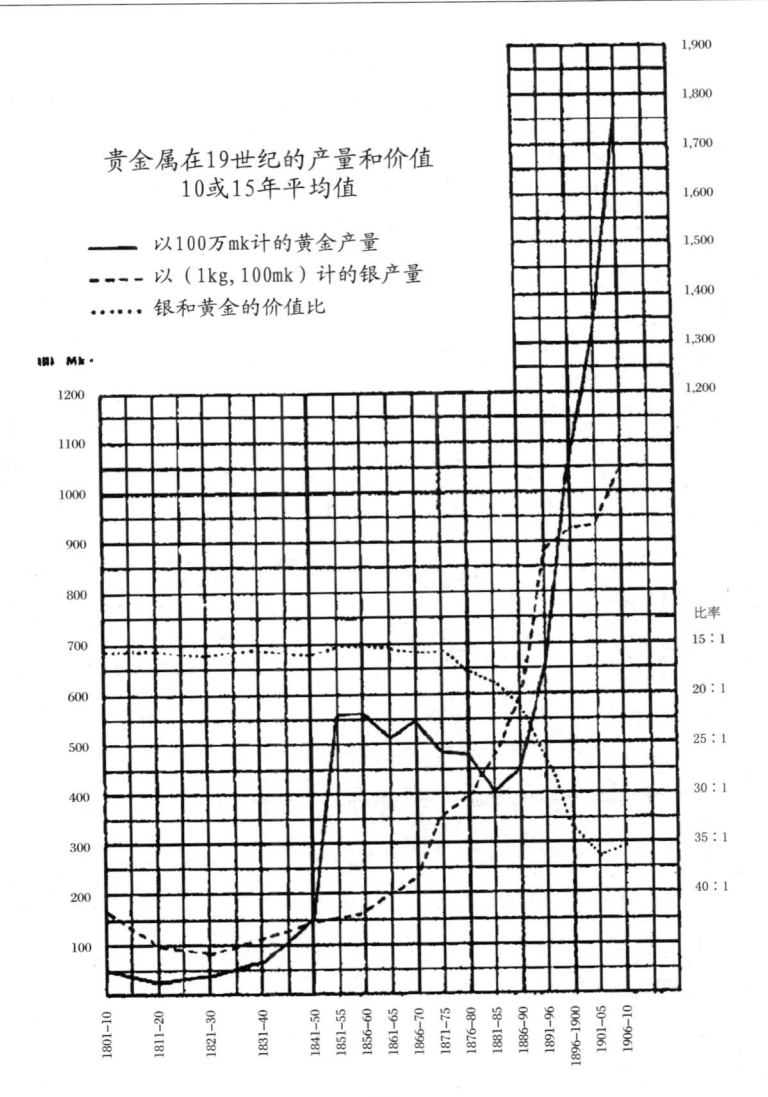

贵金属在19世纪的产量和价值
10或15年平均值

—— 以100万mk计的黄金产量
---- 以（1kg, 100mk）计的银产量
······ 银和黄金的价值比

图 1

铸币。存在于1915年的货币体系可以划为下面几类：(1)采用完全的金本位，白银仅作为代币并且只在一定限额内是合法货币；(2)采用所谓"跛行"金本位，这种情况下两种金属均为法定货币，但只有一种金属——黄金，可以自由铸造；最后，(3)纸币本位，货币由不可兑换的纸币或国家为其自身原因铸造的金属(银)货币所组成。英格兰和它的大部分殖民地、葡萄牙、德国和斯堪的纳维亚国家(1873—1875年的斯堪的纳维亚货币联盟)、芬兰、美国，过去的几年中还有俄罗斯和日本，属于第1类。拉丁货币联盟和荷兰属于第2类。南美洲以及欧洲的奥地利(这里金本位尚未完全采用)、西班牙、希腊和巴尔干国家属于第3类，另外还有印度，在这里卢比(银)仍然是本位货币但只有国家可以有限度地铸造。在后者(印度)的情况中，已经出现了的结果是尽管近年来银价持续下降，但卢比已经开始升值，而且已经升至1893年的货币法所规定的最高值，即等于16便士的黄金。(其金属含量按照现在的银价相当于10便士；按照原来的平价，1卢比值22.6便士)。在上述价格下，英印政府承诺依据黄金不限量地发行卢比。此外，自1899年以来，英国金镑的法定货币价值已经达到1英镑＝15卢比。这种方法并没有使金本位制完全地被引入；因为那将需要以相同的价格对卢比无限制地供应黄金，这个条件当时还未制定为法律，不过在事实上被遵守着。1915年，墨西哥和中国开始计划向类似印度这种形式的金本位制过渡。

3. 瑞典货币历史及当今瑞典货币与其他国家货币之间的比较

最古老的瑞典硬币似乎是在 Olof Sköta 或 Anund 国王时代铸造的。这些被称为芬尼(penningar)的硬币，那时还是重量单位的等分，8 欧尔(öre)(1 öre 是 3 örtug)是 1"马克"(大概 210 克，不到瑞典镑的一半)的纯银，在上瑞典(Upper Sweden)每 örtug 值 8 芬尼(更早时可能是 4 芬尼)。因此 1 马克(Mark)芬尼最初大约是现代货币中的 32 克朗(Crown 或 Kronor)，1 欧尔(öre)是 4 克朗。然而，渐渐地，货币开始贬值，无论是在含量上还是在尺寸上；所以，早在省级法律(provincial laws)的时候，已经区分了"vägen"和"räknad"，或者"karlgell"和"kopgell"马克。这种贬值一直持续到了 15 世纪中叶，当时芬尼马克(penningmark)已经降到其原始价值的 $\frac{1}{8}$，即大约 4 克朗；正如我们所看到的，在整个中世纪芬尼的购买力比现在大得多。这时，开始了更高面值硬币的铸造——首先是 örtug，然后是欧尔，等等。在 16 世纪，货币继续贬值，因此在古斯塔夫一世的统治末期，马克只相当于现代货币的 1 克朗。因此它只是大硬币泰勒的四分之一，泰勒(Joachimsthal)于本世纪初首先在德国被铸造，后来在瑞典开始铸造。结果是一个 daler〔从一开始，它就同"thaler"或一枚"riksthaler(里格斯塔勒)"相同〕被计算为 4 马克或 32 欧尔，并且在后来的贬值中一直保持着这样的对应关系。而硬币"里格斯塔勒"，作为一种国际硬币,重量和成色几乎维持不变,而最初的等价物"svenska daler(瑞典泰勒)"贬值越来越多。一直到1830年,我们的货币历史几乎就是连续贬值和破产的历史。

在古斯塔夫、阿道弗斯和克里斯蒂娜统治时期以及后来,除了短暂的中断外,货币金属是铜,它不仅被铸造为代币,而且还有作为标准货币的大块铜板。铜泰勒原本应该是和银泰勒等值的,但是这个从一开始就没有与铜币的金属价值相对应的比率无法被维持。铜泰勒的价值逐渐下降,最初降到一个银泰勒的 $\frac{1}{2}$,后来是一个银泰勒的 $\frac{1}{3}$;其最终稳定在了后者这一比率。同时,银泰勒(＝4个银马克),有时候是按实铸造而有时候仅仅是所铸造铜板的名字,其价值降低到了1956年的 $\frac{2}{3}$,然后降到了 $\frac{1}{2}$,因此在查理十一世统治的末期,1个里格斯塔勒与2个银泰勒或者6个铜泰勒或者24个铜马克等值。

在查理十二世时(除了后来的紧急货币之外,那只不过是替代物罢了)发生了一种新的贬值,6泰勒的铜板被重新模压为9泰勒的面值;结果,一个里格斯塔勒硬币很快就等值于3个银泰勒,9个铜泰勒,或者36个铜马克,这也是在Friheststid时期的比价。在后者期间所有的金属货币都从流通中消失了,而自1745年开始不可兑换货币的瑞典央行钞票,是国内唯一的支付手段。由于发行得过多,特别是在波美拉尼亚战争期间,这些钞票对白银贬值了;或者换一种说法,硬币里格斯塔勒和等值的汉堡银行里格斯塔勒(大多数外国汇票根据它开具)对泰勒和马克钞票升值了。1776

年,这些钞票以 1 里格斯塔勒硬币 = 72 马克铜币的比价兑换白银,即票面价值的一半。1 个银泰勒 = $\frac{1}{3}$ 里格斯塔勒硬币的旧比价,在法律文件和评估国家收入时继续使用。相当于 96 欧尔或 48 先令的银里格斯塔勒(硬币),成了这时全国的货币单位。

在古斯塔夫三世时期与俄国的战争之后,由财政部发行的国库券(开始有利息,后来变为不可兑换的纸币)成为了国家主要交换媒介,与格雷欣法则一致,它把金属货币和不可兑换瑞典央行纸币从流通中逐出。自 1903 年起,财政部的纸币按照法令可以在银行按其面值的 $\frac{2}{3}$ 进行兑换。(为此设立了一个基金,一部分源于一般所得税,即所谓的"所得贡献",另一部分源于对维斯马镇的"抵押")。然而,在芬兰战争结束后,对于银行来说用现金兑换它自己的纸币或者财政部的纸币已经是不可能的事情了,于是两者在保持其相对价值不变的情况下都逐渐贬值(换句话说,白银和外币升值),一直到其 1834 年的"变现",这时它们被按照面值的 $\frac{3}{8}$ 进行了兑换,国库券因而被按照原值的 $\frac{1}{4}$($\frac{3}{8}$ 的 $\frac{2}{3}$)进行兑换。

银泰勒及其辅币马克和欧尔仍然在原来的合法交易中使用,并按 $\frac{1}{3}$ 银里格斯塔勒 = 50 欧尔计算。

根据 1830 年的货币法,里格斯塔勒硬币中银的含量被降低了 $\frac{3}{4}$,即从 25.69 克降至 25.5 克,而铸造的成本,以前是单独支付的,现在则"加在"了硬币中。1855 年的法律,没有其他改变,只是

将 $\frac{1}{4}$ 个里格斯塔勒硬币命名为 riksdaler riksmynt 并作为计算单位，在 1934 年的货币兑现后，它正好对应一个国库单位的里格斯塔勒，可以分割为 100 欧尔。1873 年的货币变化是基于以 1 克朗（价值上等于 1 riksdaler riksmynt）为单位，金银之间的比价被固定为 15.5∶1(15.81∶1)。因此，我们可以说，以前单位中的银的重量被均衡了，所以 4 克朗被认为等于 25 克纯银、或者说 160 克朗对 1 千克纯银。对于这种虚构的银币，金币被按照 1∶15 $\frac{1}{2}$ 的重量比率进行铸造。

结果就是 1 千克黄金铸造成 15 $\frac{1}{2}$ ∶160＝2,480 克朗，正如上面的情况。

德国的过渡经历了相同的路线。当时 1 千克纯银价值 180 帝国马克，于是 1 公斤纯金铸造 2,790 马克；因此 8 克朗价值大约 9 马克。

同样，在法国，银币和金币也与重量有一个简单的对应关系，尽管这是与其毛重相对应，而不是与其净重。1 千克纯度为 $\frac{9}{10}$ 的白银铸造为 15 $\frac{1}{2}$ ×200＝3,100 法郎。所以，8 克朗＝$\frac{10}{9}$ ×10 法郎，或者说 72 克朗＝100 法郎。这同样也适用于那些采用了法国货币体系的其他不同国家。俄国的货币也具有一个与千克的相似对应关系，因此与瑞典货币也有对应关系。一银卢布与 4 法郎含有相同数量的银，但金币，即以前的 10 卢布帝俄币，是按 1.15 的重量比铸造的，因此价值高于 40 法郎。在计划向金本位制过渡的

1886年,这二者相等了,因此新的帝俄币相当于40法郎。其目的是将贬值的卢布纸币逐步提高至原来的为4法郎的平价。但是,因为这样做耗时太长,因此1897年决定以卢布纸币的现行兑换价值为兑换基础,同时帝俄币和半帝俄币固定为15和$7\frac{1}{2}$法郎,或1.92克朗。所铸造的俄国金币为10沙皇卢布和5沙皇卢布。另一方面,银币一直保持未变,由于这个原因,俄罗斯黄金与白银的价值比率与西欧的完全不同,是23∶1,而不是$15\frac{1}{2}$∶1。

我们将忽略其余国家的货币,因为它们与瑞典货币没有任何简单的定量对应关系,虽然在奥地利、匈牙利和荷兰是相同的重量单位,即千克黄金,构成了货币的基础。我们只是列出在实际中：

1英镑　　　=18.16克朗

1荷兰盾　　=1.5克朗

1奥地利克朗=0.76克朗

1美元　　　=3.73克朗

1印度卢比　=1.21克朗

1日元　　　=1.86克朗

4. 货币技术

我们已经说过,铸币的目的是国家对金属的重量和纯度进行担保,因为如果每次交易时都要对金属进行称重和检验,会给贸易造成太多不便。黄金和白银标准币的纯度现在通常都是$\frac{9}{10}$(其余部分为铜）；但在英格兰黄金的标准纯度是$\frac{11}{12}$。所谓"标准"，我们通常指标准币中金属的净重，或者也可以说是由一单位重量的贵金属所铸成的铸币的个数，两者是一回事。在现代，标准这个词也经常用来表示是用哪种金属来铸造标准币：就是我们说到的金本位、银本位或复本位等。

即使用最佳的现代方法铸币，也不可能实现重量和纯度上的绝对精确。因此，在这两方面，允许有轻微的偏差（"补位"），而这在现代的铸币方法条件下还远未被充分利用。在斯堪的纳维亚国家，20克朗硬币的偏差是0.0015，10克朗硬币是0.002，两者的纯度偏差都是0.0015。此外，10公斤新铸造的金币不能偏离标准重量5克以上，即0.0005以上。但是，硬币的价值会由于流通中的磨损而降低，尽管其磨损量是微不足道的。据估计正常流通时每年标准币的磨损是万分之二至万分之二点五。发行纸币的目的是为了避免磨损这个被普遍认可的观点是不正确的，因为纸币的保养成本实际上超过了金属货币。无担保纸币所节省的是投入到货币中的资本的利息。尽管现在硬币的形式和设计使其不易产生磨损，但年深日久之后还是可能有相当大的磨损，在实际生活中，撞击、刮擦和出汗可能占了磨损的较大部分。由于这个原因对硬币设置了最低限制，低于这个限度的硬币就不再是个体之间的法定货币。在瑞典，和德国一样，限度是低于标准重量的千分之五，在英格兰几乎是百分之一。法国在国内没有限制，但在拉美货币联盟中各国之间是千分之五。然而，建立最低限制并不足以防止磨损货币的流通，因为个人不会费心去检验重量，并且如果他们意外地收到一个磨损严重的硬币,自然不愿意自己承受损失。因此,国家必须兑换这枚货币,即使其重量已经低于了最低限度。这就是在德国和斯堪的纳维亚所发生的情况,在这里设了一个为20%的最高国家责任;这在实际中并不重要。而在英国,当硬币磨损超过了限度后,它们就不再是法定货币,即使对国家而言也不再是。其后果是足重的货币被支付给了州、央行或者英格兰,而重量不足的货币继续流通,特别是在乡下。

由于货币的铸造成本很高,所以国家通常会向个人收费。这种费用被称为"铸币税"——这个名字的由来是因为在较早的时期所收的费用比铸造的实际成本要稍高一些,因此它是国家的一个收入来源。这一实际情况,以及另外一个实际情况,即个人支付一笔多少不等的可观费用去将其所持有的贵金属铸成硬币是合算的,是由于作为法定货币的铸币金属在国内比非铸币金属更值钱:经验表明,这种差异可能是极大的,如果国家在收取高额铸币税的同时,并不增加由其自己所铸造的货币供给,则在任何情况下差异都会非常大。然而,国家应该避免采用这种办法来获取收益,因为这种铸币有很多与不可兑换纸币相同的缺点。国家可能迟早会经历收支逆差,例如由于收成不好的缘故,那时一部分货币必然会被卖到国外用于支付货物。但是,在国外,其他国家的货币很少会有比其所含的金属更高的价值,因为在国外铸币通常必须经过回炉并重新铸造。结果,国内铸币失去其人工价值,而其汇率(它与外币的关系)——将以相同的程度贬值。如果国内不存在主要用于出口的非铸币金属,则这样的情况无论如何都会发生;要不然就需要有可以用于开汇票的国外资产或信用。但是在一定程度上一直会是这种情况。因此,将铸币税限制在铸币的实际成本上是明智的,在这种情况下,金属价值的偏差和随后的汇率波动会相对轻微。在英格兰,名义上没有这样的费用——铸币是"免费和无偿的"。但是,即使在英格兰这也是不必要的,而且没有实际意义。

现代银行的发展和国际收支机制,已经使为个人的直接铸币几乎完全消失了。相反,央行接受个人用贵金属换取法定数额以内的铸币或纸币。在英国,正如人们所说的,任何拥有金条的人都可以到造币厂免费铸币,但是这不仅需要时间,而且还损失利息。因此黄金进口商宁愿把金条存在英伦银行,它们按每盎司(约合31克)3英镑17先令9便士存入,约比铸币厂所给的(3英镑17先令 $10\frac{1}{2}$ 便士)少 $1\frac{1}{2}$ 便士,这相当于一个0.15%的收费。(在瑞典的收费是对20克朗为0.25%,对10克朗为0.33%。在德国和其他地方也大致相同)。银行根据情况处理黄金;他们用它铸币或者以金锭的形式保存。同样,银行以通常与平价差异很小,甚至有时是高于平价的价格接受外国货币。这样的硬币往往不是被回炉,而是用于需要交运的场合:即当国际收支逆差很大、黄金必须出口时,以稍高的价格再出售给进口商。因此也可以说,无论是有还是根本没有自由铸造和适度的铸币税,铸币都会有与金条大致相同的价值,准确地说是略高一点。

5. 本位币和代币

一个国家的无限法偿货币(所以普通债务可以通过以货币的

面值进行合法清偿)称为本位币或该国的通行货币。

如果有两种或两种以上的金属按法定价值比率作为本位币，是双本位制或三本位制。而如果只有一种金属铸造成标准货币则为单本位制。在前者的情况中，如果两种金属都被允许自由铸币，则在现实和理论意义上是双本位的。另一方面，如果，一种金属（银）对私人的铸造已经停止，但这种货币仍是无限法偿货币，则是通常所说的有限双本位，或有限铸币的复本位制。

即使在单本位制体系下，其他金属也不是完全不能作为铸币材料。银币，更不要说铜币和镍币，用于大额的支付太不方便了，而金币，由于它薄而且尺寸小，在清偿几先令的债务时不够方便。在本位币为银的国家，金币即使必须以不同的比价被接受，也常被用作交易货币。这种现象在早期比现在更常见，因为纸币已投入使用了。另一方面，在被当今越来越多的国家所采取的以黄金作为本位币的地方，银必须被保留作为小额支付的手段，除非使用了小面额的纸币。出于同样的原因，紫铜、青铜或者镍（如在德国）用于最小额度的支付。这样的货币被称为代币，其与交易货币的不同在于它是以面值为法定货币，而不是根据不同的比价。与标准货币相比，代币作为法定货币的功能仅限于一定的法定额度，超出额度后任何人在收款时都不必接受（在瑞典是 2 克朗和 1 克朗的代币可以支付 20 克朗，更小面值的代币可以支付的额度更小）。对私人的代币自由铸造也是全面被禁止的，虽然对于标准货币也可以是这样，就像不久前在奥地利、俄罗斯、荷兰，以及目前在印度那样。在拉丁联盟，5 法郎硬币仍然被视为标准货币，这在一定程度上也是如此。

如果放弃双本位制，而且政府不采取任何措施平稳白银和黄金的相对市场价值，情况必然会变得不稳定；因此，银代币和其他代币铸造时必须要低于其价值，即其贵金属含量低于面值所对应的根据银的平均市场价格确定的含量。如果它是足值的，其金属价值有时会超过其面值；换句话说，即硬币中所含重量的银在市场上的价值比其面值和法定价值所代表的相应重量的黄金值钱。在这种情况下，将代币融化并销售或出口是有利可图的，因此会出现代币短缺的情形，无论国家花钱铸造了多少。这就是为什么英国在 1816 年、后来拉丁联盟在 1865 年以及德国和斯堪的纳维亚在 1873 年，实际所铸的银代币中银含量较低的原因。

例如在瑞典，如已经指出的那样，由于仍然保持着双本位比价，1 千克纯银本应该价值 $2,480:15\frac{1}{2}=160$ 克朗。然而实际上一个克朗硬币仅含有 6 克纯银，所以凑足 1 千克纯银需要 167 个银克朗。

不过，从这些数字上看，像黄金与白银之间的那种相当大的变动似乎是不会发生的。但实际上，银价的下降使所有的预防措施都失效了；即使是所谓的足值银币，如 5 法郎硬币，现在的金属价值甚至也还不足其面值的一半。如果回炉一个 1 克朗的硬币，现在价值约为 40 欧尔。伪造银币，或者更确切地说，非法铸造正常含量的银币，因而将是一个有利润的生意。但是，货币的形式和设计防止了小规模的伪造。大规模的伪造很难不会引起人们的注意，因为"铸币厂相当嘈杂"。

而另一方面，不用担心代币会逐出标准货币，因为国家有能力

第二章 货币

将前者的铸造严格限制在必需的范围内——这是为了保证国家的整个货币系统不受到危害所必须采取的措施。使代币仅为有限法偿货币,就像英国货币法所做的那样,尽管限制了过量铸币,但如果(在瑞典)国家免费用金币兑换代币,而中央银行被迫以纸币置换它,则其本质上并不重要。

总之,如果我们努力地去考察上文中所概述的发展,就会很清楚地看到,在解决保持货币在时间和空间上的一致性的那部分货币问题方面,已经取得了巨大的成功。不再像以前那样存在大量磨损和减值的货币——以前为了补救它们有时需要收回全部金属货币,我们现在已经有了几种易于检验的货币,通过它们,在关于最小重量以及兑换责任的现代法规的帮助下,有可能完全自动地替代货币回收。因此,早期不可抗拒的贬值诱因不复存在。通过收取小额费用或干脆不收费用特许标准货币自由铸币,保持了铸币和非铸币金属之间的基本价值对等;这极其有助于国际收支。而且,因为一种金属(黄金)已经在几乎所有国家成为本位货币,最后的障碍已经被铲除,人们几乎可以说,在现代社会拥有金属货币的所有国家都有同样的货币。牺牲银的自由铸币是不是不必要和有害是另外一个问题,我们不打算在这里讨论。

到目前为止,在解决关于货币最困难的问题上——即对货物和服务保持连续和稳定的价值,我们还没有取得进展。即使是最仔细地关注保持货币足值的所有事情,当贵金属的生产显著增加或者信用的发展使得现有供给过大时,也不会避免货币贬值。反之,如果发生了使用信贷手段提高流通速度也不会对其有所改善的贵金属短缺,小心地保持足值货币将阻止而不是促进货币价值的稳定。因此,我们的下一项任务是仔细研究这些因素对货币的影响,也就是流通速度的加快或减缓,特别是通过信贷和银行操作。我们先从法律角度看一下这个问题,然后再来处理这项任务。

6. 从法律角度看货币

像大多数其他形式的财富一样,货币也可能是法律纠纷的对象。事实上,这些都是家常便饭,因为大部分对财产的主张都是以金钱的形式呈现。另一方面,货币本身,它的本质、交换价值等,很少是这种法律纠纷的真正主题。在一个有序的货币体系中,几乎只有一种情况下会发生这样的事情,即从一种标准货币过渡到另一种标准货币,采用新的标准货币或破除旧的货币标准。于是就成了这样一个问题,即在这种变化之前已经存在的商务协议、债务形式以及其他的法律事务,会被它们影响到什么程度,特别是上述法规在行为上对于这些之前存在的法律义务可溯及既往的程度。

政府在货币法中频频提出的这种追溯操作是用"强制兑换"的表达来体现的,这通常意味着那些有货币债权的人必须满足于接受按照其票面价值多少有些贬值的纸币。但这并不意味着这样的过程总是公平或公正的;而在对这一问题缺乏明确规定时应该如何判定则更不清楚。

这种事情的一个有趣的例子发生在1873年,这是德国从银本位向金本位的过渡时期。某个奥地利铁路公司在德国发行了信用债券,可以用奥地利盾和德国泰勒支付(都是银币),它们的金属含量比为2∶3。在向金本位过渡时,德国货币法规定1个10马克

金币相当于 $3\frac{1}{2}$ 泰勒，这与金和银当时的市场价值一致。然而，1873年以后白银对黄金的价值迅速下降，于是难题出现了，即奥地利债务人是否有义务以黄金向他们的德国债权人进行支付。该合同在德国产生过渡到金本位的想法之前就已经订立了，其中也没有关于以银以外的任何金属货币进行最终支付的条款，或者是否债务应仅被视为在合同签订时具体数量的奥地利盾和德国泰勒中所含的银的数量。债权人主张前者，而债务人自然主张后者。在随后的诉讼中，奥地利法官全部裁决为赞成奥地利人的主张，而德国法官除一个人外，都支持他们同胞的主张。赫弗里希本人是一个德国人，他联合了法庭上的大部分法官，他表示，一个国家的法定货币不应该与其金属含量混淆，即使由于自由铸币这两者在价值上几乎相同。他极力主张一个国家的货币或者货币单位是由当局决定的，那些签订了合同却没有确切地规定使用哪一种货币进行支付的人，必须服从本位币的改变。这就好像两个人签订了合同，却由第三方来确定某些条款。这种说法在我看来有点似是而非，因为除了其他事项外，这种情况下的第三方似乎不能被认为是完全不受约束的。毫无疑问，债务国可以很容易地通过将标准币贬值一半来影响支付，同时对一个有大量国外债权的国家来讲，也可以很容易地要求用两倍价值的货币来支付。另一方面，纯金属的理论不能一直被秉承，例如债务签订时正值该国货币由贬值的纸币所构成的时候。在任何情况下都可以肯定的是，这一理论以及赫弗里希所辩称的，可能会非常不公平地对一方有利而损失另一方的利益。在奥地利和德国的情况中可能就是这样，因为可以表明白银已经贬值而黄金对商品的价值保持不变。因此，不可避免地，我们被带回到了每一个货币合约订立背后的前提，即对货币价值稳定性的推定。如果缺乏这个，并且如果法院不能（它几乎总是这样）确定货币的交换价值在任何时期的变化程度，那么它在这类事情上的裁决必然总是会显得有些武断。

虽然斯堪的纳维亚国家从银本位向金本位的转换与德国大约是同一时间，据我所知，除了1878年瑞典与转换为金本位之前的芬兰的分歧外，没有出现过任何类似的冲突。这可能是由于这样的事实，即两国都没有对银本位制国家的债权，而且两国也都不认为拒绝以一个与先前所接受的不同的兑换率来履行其债务是可取的。

最后，可能出现的问题是国家对于已经收回且不再是法定货币的那些货币的责任；尤其是在联盟解散时，货币联盟合同方的内部义务。在国家收回货币时，要求其兑换这些货币是合理的，虽然在贬值纸币的情况中，不必以超过兑换当时或者紧接下来的几年中货币在流通中实际存在的价值来兑换它①。

至于国家内部义务，人们必须仔细区分它是属于一开始就按

---

① 以面值兑换将会使随机的纸币持有人得到不劳而获的利润。然而，在我看来，原则上包括国家纸币债务在内的所有债务，都应该按合同签订之日的价值兑换。

在德文版附加的"勘误补充表"（Errate and Additions）中，维克塞尔详尽阐述了这个他在一战期间的演讲及著作中所捍卫和坚持的原则，即瑞典在1914年和1923年之间货币价值的变化，必须在公共及私人债务人和债权人之间得到彻底的补偿；因此，比如一个人在1914年初借出了1,000克朗，并在1919年开始得到偿还，此时克朗的购买力已大大降低了，他们应该按照克朗降低的购买力比例得到补偿，（即如同当时借出的是3,000克朗硬币）；而在1919年借出1,000克朗的人应将其债务按货币增值的比例下调（比如说，调至500克朗）（瑞典版编者按）。

降低的价值铸造的情况，即国家的原因；还是允许个人自由铸币的情况。在前一种情况下，规避每个国家兑换其自己硬币的责任几乎没有可能，而且，据我们所知，实际上未曾有人提出过其他的方法，尽管这样的补偿可能是涉及不可预见性损失的金属价值下降的后果。货币从一开始就是自由铸造的情况则有所不同。例如，在拉丁联盟内5法郎硬币一直是自由铸造的，直到银价的下跌使得必须限制自由铸币为止。同时，由于各种不同的情况，联盟内各国所铸造的货币数量截然不同。瑞士没有铸造这样的货币，而比利时铸造了远远超过了其人口所需要的数量。不过，由于比利时国家造币厂只是使公众受益，且任何人，无论其是否是比利时国籍，都可以铸造这样的钱币，所以看起来几乎没有理由要求比利时按面值兑换所有它所铸造的5法郎硬币。拉丁联盟内曾对这个问题进行了充分的辩论，并决定：倘若联盟解体，每个国家应负责它自己所铸造的货币。和赫弗里希一样，我们认为这个决定是一个不完全符合货币原则的解决办法。至于其他的，包括这一点以及一般而言的货币的法律方面，我们建议读者去参考赫弗里希的详尽并且在很多方面都正确的解释。

很显然，所有涉及货币的法律纠纷，其原因都在于无法预见的货币交换价值变化。因此，我们比以前更加清楚地看到，货币的长期稳定性至关重要，尽管只要金属被作为价值标准并且允许私人自由铸造本位币，确保这种稳定的一切努力似乎都是徒劳的。

第三章　货币流通速度：
银行业和信用

参考文献：由于下文的论述主要是理论方面的，所以我们有必要提到那些几乎详尽无遗地描述了货币市场实际活动特别是当今货币市场活动的著作。在斯堪的纳维亚语的著作中，我们必须注意 W. Scharling 写得非常好的 *Bankpolitik*；上文已经引用过的 Aschehoug 的著作中 62 章以及后面的章节；J. Leffler 的"Krediten och Bankväsendet"（发表于 *Ekonomiska Samhällslivet*）；Davidson 的"Central—banker"及其在 *Ekonomisk Tidskrift* 上发表的文章；Goschen 的 *Foreign Exchanges*。在很多关于这一主题的外文著作中，在内容的丰富性和处理的简洁上，英国人的作品很引人注目。英国的货币市场现在依然是其他国家的典范。我们在这里只提一下 Clare 所著的较小篇幅的教科书 *A Key to the Money Market*、*Money Market Primer* 以及 *The ABC of the Foreign Exchanges*；Withers 所著的 *The Meaning of Money*，*Stocks，Shares and Debentures* 和 *Money Changing*，另外特别是 Bagehot 所著的 *Lombard Street*，它虽然不是最新的，但从阐述的角度来说是无与伦比的。

关于银行实务和证券交易问题的更深层研究，在 Conrad 的

Handwörterbuch 中有众多相关的文章，它对该主题的文献给出了索引。

1. 一般流通速度：现金平衡和信用

商品随着每一次的购买和出售，一步一步地沿着从生产者到消费者的道路上行进，而且通常在交易完成后离开市场，货币与之不同，它仍然 留在市场中。然而，正如我们所指出的，这并不是完全属实的，除非已经收到了钱的卖家仍然待在那里，并转过来成为一名购买者。如果他退出了市场或者只是作为一个卖家留在那里，那么货币的购买力和交换功能将是潜在的；它将暂时终止作为交易媒介的功能，但仍然是安全的价值储存手段。在一次出售和随后的购买之间，任何货币平均存在保险箱中的时间，可以被称为平均闲置期；用一个单位来表示这一时间段（比如说一年），则其倒数是平均流通速度。也就是说，如果一块钱平均每次放在那里一个月不动，那么它每年流通（变换所有者）12 次。它的闲置期是 $\frac{1}{12}$ （年）时流通速度为 12（次每年）。当然货币的流通也包括资金以贷款或预付款的方式从一个人转移到另一人处。然而在处理某些问题的时候，有必要把交易与贷款业务分开来处理，而且比较狭义地只考虑与前者相关的货币流通。如无特别指出，这种做法将是下文中的规则。

因此，流通速度在理论上是一个非常简单的概念。但在实际中对它的研究是经济学中最难的问题之一，因为除了其他方面之外，对于一个国家的每一部分货币存量，流通速度差别非常之大；甚至对每一枚硬币都很不一样。遗憾的是，很多的经济学家，包括在其他方面值得称赞的詹姆斯·穆勒和约翰·穆勒，都倾向于通过声称时间与货币流通速度无关来掩盖这一问题，即它是由完成一定商品交易额而必须易手的一定量的货币次数构成的。但是在这个论点之下，整个概念消失了：为了确定这个意义上的流通速度，我们必须知道商品的实际价格（或者货币的交换价值，两者其实是一回事）；这样平均流通速度将只是它的另一个名称。另一方面，如果我们从上面所描述的含义来看流通速度，它实际上变成了商品价格调控中一个重要的独立因素。那么不难看出，流通速度确实具有或者至少可以具有完全独立的意义。如果由于技术原因，购买和出售只能由同一个人每半年实施一次，例如，如果农产品仅在秋天出售，城市的产品和殖民地的产品只在春天售卖，且信用还不为人所知，那么显然货币将会每次闲置半年的时间。这样的话就必须要有数量相当于一年中所出售商品总价值一半的足够货币，并且或者是商品价格，或者是可用及必要的货币数量，或者是相对于实物交易的货币交易程度，或者三者同时，将不得不依照这一实际情况来调控。货币的流通速度在当前的情况下是变化的，这是另一回事。但是它当然不会破坏这一构想，虽然它会影响流通速度作为一个价值确定因素的作用。

很显然，货币在使用之前闲置的平均时间越长，相对于年交易额的现金持有量就越多。甚至可以说现金持有量的大小与年交易总额之比和平均货币流通速度呈反比。另一方面，每个个体所必需的现金绝对数量显然取决于个人交易额的大小。对于整体经济,绝对现金持有总量将与国家的货币数量相同,所以如果后者数量不发生变化,则绝对现金持有总量是恒定的。

示例:北部海港的一个批发商每年购买咖啡、香料、谷物、鲱鱼、美式培根等,然后把它们以小包装出售给零售商。每年平均下来,他的现金持有量(或者更确切地说是在现金业务中的现金持有量)将是其销售额的一半左右。此外,大概每个月进一次货的零售商,最多只需要自己销售额 $\frac{1}{12}$ 的现金持有量——如果销售是平缓的,则平均来说只需要销售额的 $\frac{1}{24}$。同样道理,一个一次性发运其全年产品,而且按星期向工人发放工资的锯木厂主,将需要(假设是现金交易)其年销售额一半左右的平均现金持有量;而那些工人们通常会在几天之内花光他们的工资,因而一般来说相对于他们的年度总花销,他们只有很少的现金持有量。如果我们为了简单起见假设这两个生意是收支相抵的:批发商买下木材出口商的全部外国汇票,而工人们从零售商那里进行购买,那么很容易看出,在一年之中,全部的货币都被转手了四次,因而平均而言在每两次交易之间被闲置一个季度。流通中的全部货币,我们把它称为 a,一部分对应全部出口木材的价值,一部分对应总工资额,一部分对应进口的商品,但是当被购买和出售两次时,总销售额将是 4a。通过更为精确的计算很容易看出,根据我们的假设批发商在 12 个营业月中的现金持有量是连续的,$0,\frac{1}{12}a,\frac{2}{12}a,\frac{3}{12}a$,最后一个月是 $\frac{11}{12}a$,或者平均为 $\frac{11}{24}a$,零售商的是 $\frac{1}{24}a$,类似地,锯木厂主的是

$\frac{51}{104}$a，工人们合并起来是$\frac{1}{104}$a，相应的他们持有货币的平均闲置期为：对于批发商是$(11+10+9+\cdots+2+1)\div12=5\frac{1}{2}$个月（$\frac{11}{12}$年），对于零售商是$\frac{1}{2}$个月，对于锯木厂主是$25\frac{1}{2}$星期，对于工人们是$\frac{1}{2}$星期。总的现金持有量不变（=a），且总闲置期为1年，因而这四个组的平均值是$\frac{1}{4}$年。

如果木材出口商鉴于进口商可以从零售商处收到付款，把他的汇票借给进口商而收取按星期的付款，而零售商在收到了工人的付款时向进口商付款，那么流通速度可能会增加。假如那样，必需的货币量可能会减少至$\frac{1}{52}$a，并且由于总销售额仍然是相同的（4a），流通速度会是208（次每年）。因而平均流通时间现在变为$\frac{1}{4}$个星期。这是正确的，因为在这些条件下，货币会在一星期内从木材生产商转到他的工人们手中，再从他们那里转到零售商，从零售商（通过对所交付商品的付款）转到批发商，然后再通过偿还贷款而回到木材生产商那里。

所以，如果其他条件不变，个体在减少他所必需的现金持有量上做得越成功，则他对于增加货币流通速度的贡献越大，而他为自己的交易额所需要的那部分货币存量就越少。如果其他很多人效仿他，整个国家的货币需求将会减少至一个相应的水平。从个人的角度上来说，每一步都涉及资本和利息的双重节省，而对于特定

第三章 货币流通速度:银行业和信用

的国家而言,在与其他国家相比较时也是这样。对于全世界来讲,这种货币节省的主要优势是现在占用了人类不少劳动和资本的贵金属生产或许可以得到限制,从而这部分生产力可以解放出来并投入到更有用之处。

在上面的例子中,木材制造商被迫以商品或货币的形式提高其年产量的总价值 a,而进口商被迫以商品或货币的形式向生意中投入达到 a 数量的资本。通过上面所提到的信贷操作,这些资本的总量减少了一半。木材制造商的生意现在所需要的最低且必需的资本量 = $\frac{1}{2}a$(对应于每次雇用劳动力和售出全部商品之间的平均时间)。在对方支付利息的条件下,他把余下的资本转给进口商,进口商对资本的最小需求实际上也仅为 $\frac{1}{2}a$(对应于在收获或进口商品和它们售出之间的平均时间),而现在他不需要自己准备资本了。双方的收获是全部货币 a 的利息,现在可以把它(除了微不足道的部分)投到境外,而它是曾一度被进口到国内以防止最终为了价值 a 而牺牲资本货物的。

在某种程度上,流通速度的变化毋庸置疑是完全自动的,是货币过剩或短缺的结果,存货通过它来适应变化的贸易需求。每个碰巧缺少资金的人都会尽可能地把他的购买推迟到他有了钱的时候(而且他必须这样做,除非他可以获得信贷),否则可能他就不得不出售自己的商品或其他财产去获得货币。他可能会去找顾客,而不是等着顾客来找他。在后一种情况下,流通速度会立即增加。在前一种情况下,由于他延迟购买,他本该已经购买了的商品的拥有者现在也将变得缺少资金,从而也必须推迟他们自己的购买。

最后，如果这个链条上相互依赖的人们中有一个人得到了一些钱，那么一连串地，A会从B那里购买，B从C处购买，C从D处购买，依此类推。货币的流通明显地加快了。如果货币变得过多，并趋向于以持有现金的形式放置的时间比通常更长了，则会出现相反的情况。但是很显然尽管这种货币流通速度的自动调节有弹性，但却是有限的。对每个必需品或希望到手商品的延迟购买都会引起一些不便或者损失；每一个仓促的或者过早的出售都会带来价格上的压力，这种压力源于购买者对商品需求的迫切性较低，这一价格压力当然是卖家试图去避免的。

对货币短缺的一个不完全的补救（应用这个词的真正含义而不是通常所说的缺乏办法的同义词）在早期曾经是安排较大数量的买家和卖家碰头，特别是在集市和市场上，在这些地方货币的流通自动地被刺激了；还有就是应用信用。一个有购买欲望可是当时没有钱的人，可以请求延期付款，正如该词所表达的意思，通过信用购买。或者他借钱购买以免于延期购买，尤其是为了能够保住自己的商品直至找到一个合适的购买者。通过这种方式，社会中的各个点上不断形成了大规模或者小规模的信用网络：A从B处赊购了，B从C，C从D，依此类推。如果A通过出售商品或者以预付款的方式从第三人处得到货币，该网络就很快解体。A付给B，B付给C，C付给D，等等，所有这些都带来相同的结果：流通速度的增加。所以正如我们已经几次说过了的，信用是非常强大的，事实上是最强大的加快货币流通的手段。这一事实可能还没有得到经济学家的足够重视。通常他们只考虑信用作为一个支付媒介传递付款和债务收据而使得货币过剩的极端情况。再者，

第三章 货币流通速度：银行业和信用

在信用债务被现金支付解除的很多情况中，人们常说信用并不减少对货币的需要，而只是把货币的使用推迟到了以后。可是一般来说那与减少货币需要是一回事。只要信用债务还持续，对货币的需要实际上就比本来所需要的要少，因为如果购买是以现金进行的，在其他条件都相同的情况下，卖家会把他的钱放在保险箱中直到他自己想要进行购买；而现在相同数量的钱可以在别处流通。我们在后面会很快回到那些应用信用使得现金很过剩的情况。

即使我们现在认为各种形式的信用只是被用作交易媒介偶尔出现短缺时的改善方法，流通速度的改变实际上也是必然的、自动调节的，并且常常会抵消一个国家中由于这样或那样的原因而可能产生的货币量波动（绝对或者相对于交易额要求）。广义而言的可支配货币量，即数量乘以流通速度将是恒定的。或者，更确切地说，它将随着交易量成比例地变化，所以价格将不会因此而发生任何变化。但是，众所周知，这并不会发生。个人和社会从交易媒介的节省或未来付款中所得到的收益促进了各种形式信用的发明和习惯性应用，而这最终成为了贸易机制的一个组成部分。因而在商业进步的每一个阶段，我们都注意到一个新的而且通常是更高的交易媒介平均流通速度，而它在之后并不下降，并且不能轻而易举地提高。就货币需要和货币交换价值而言，实际的后果被抵消，部分由于经济进步伴随着总交易额的增加，部分由于人口和财富的增加，特别是因为*自然贸易*越来越多地被基于交换和劳动分工的贸易所替代了。

我们不需要讨论下面观点的真实性，即各种形式的信用应用在货币短缺时比其他时候更加显著，并且因此它对于维持已经存在的现有价格水平比将其提高更为有效。最终的结果不一定差别很大，因为短缺的时期和过剩的时期通常交替出现，如果说在这里，就像在其他地方那样，需要是发明之母的话，那么一旦在货币短缺时期发展出了信用系统，随后的货币过剩使其恢复到较原始的现金支付系统几乎是没有可能的。较高的生活水平本身是否会产生一个维持更大现金储备的趋势完全是另外一回事。赫弗里希坚持认为法国就是这样——众所周知其货币存量是巨大的，并且在那里金银和钞票（对钞票有全额金属保证金保存在银行里）与汇票、信用证、支票簿以及在其他国家有正常银行保证金的钞票发挥着相同的作用。在一定程度上可能是这样有，但是可能我们在这儿涉及了一些国家特性，这些特性可能被该国家过去频繁出现的银行业与信用领域的不幸经历所强化了。

除了向着货币流通更快方向的稳定发展外，也发生过由于信用被滥用而引起的周期性波动，以及随之而来的被称之为信用危机或货币危机的反应，这是因为个体之间缺乏信心，导致了即使普通的信用工具都很难应用或者无法应用。尽管这些偶尔的失调有时候是严重的，也一定不要让它们分散了我们对于信用应用的逐渐发展和金属货币减省的注意力。

2. 虚拟流通速度

我们已经通过介绍的方式指出了在所有情况下信用对货币的影响都可以被认为是加快货币流通。应该清楚地记住这一观点，因为它使一个可能会有些复杂的问题在很大程度上简单化了。那些信用实际上替代了货币并使货币过剩的情况或许可以被简单地认为是通常的加快流通的特殊情况；因为我们有一个虚拟的，即仅仅是虚构的或可能的转移，而不是一个完全有形的货币转移，但是却有同样的效果。我们将通过一些例子来说明这一点。

假设一个人购买价值达到 10 先令的商品，并用一张 10 先令的钞票支付。这时候人们说（而且颇为恰当）这张钞票代替货币起了支付工具的作用，这里的货币我们仅指金属现金。然而这并不是这张钞票在这里的唯一功能，甚至也不是其最重要的功能。实际支付也许本来是用金属现金完成的，但这张钞票可能还是可以找到用处，比如，双方都去了发行银行，购买者把他的钞票换成了价值半镑的金币并用金币支付了卖者，然后卖者在银行柜台付了金币并换到了同一张钞票。不管这一过程看上去如何不方便并且没有必要，这实际上就是纸钞最早的用法。并且更为重要的是，纸钞恰恰是以这种方式履行它们如今在节省金属现金上的作用；在上面两种情况中，*在购买与出售的间歇*它们都是待在钱包或保险箱里作为现金储备或者作为替代金属现金的价值储藏手段。只是离开了银行钱柜一会儿工夫的那个价值半镑的金币，可能马上就又在柜台上流通起来。这样它就有了由下面几个部分组成的极快的实际流通：(1)银行按钞票面值履行支付义务；(2)购买者与出售者之间履行商品支付义务；(3)银行里对应于见票即付还义务的一笔新保证金。于是在银行之外的钞票流通可以被视为一个虚拟的，即想象的但不管怎样在物理上，或至少在逻辑上是处于银行持有之下的一个或多个金属货币的可能的流通。

在银行的一个往来账户同等重要，支付是通过在银行转移存款而实施的。银行账上的转移,是交易的唯一可见记录,其实也可能伴随货币的实际流通,也就是从银行中取出金属现金,随后用现金清偿债务,然后在银行再存款。这种过程并未实际发生是次要的。货币的真正节省在于银行里的业务循环,所以,我们很快就会看到,它的金属现金可以大幅度地少于其债务上的数量。

还是让我们来看一个普通的三个月商业汇票,它不是在银行贴现,而是作为商人之间的支付媒介流通;这种做法在过去要比在当今更为普遍。如果汇票或者是某种相应的信用工具不存在,那么很显然它所代表的那些数量的货币就要被放在其后续持有人的保险箱里总共三个月时间。现在这不必要了。换句话说,如果没有汇票的存在,那么现在对于那三个月中的总流通够用的货币量就不够用了。而实际支付可能还是用金属现金进行的,并且汇票还是发挥和现在相同的作用。比如我们可以想象,汇票的提取和背书(在支付进行之前,并不绝对地免责)构成的并不是所有权的转移,而是对到期日时进行现金支付的承诺。结果可能是到这个日期时,承兑人已经支付了出票人,后者是第一个背书人,而他是第二个背书人,因此现金仍然在最后的持有者手中——就像在实际中所发生的那样。在这三个月里所节省的货币,以及汇票作为有价证券和现金储备的重要性,在两种情况中是同样大的。

最后,我们可以以上面所提到的、购买者与卖者在不同的地点或者不同国家的情况为例。这里支付(以现金)需要相当长的时间,并且除了实际运送的风险和麻烦之外,还需要从流通中在一个相应的时段内提取一笔钱。信用在这里的真正作用是建立可以从一个地点转移到另一个地点而不受空间距离限制的无形的权利。

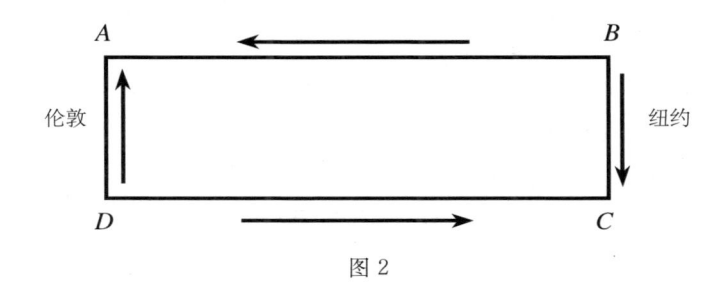

第三章　货币流通速度：银行业和信用

```
   A ←―――――――――― B
   ↑                ↓
 伦敦              纽约
   ↑                ↓
   D ――――――――――→ C
```

图 2

例如在伦敦的 A 对在纽约的 B 有一个 1,000 镑的索款权，而在纽约的 C 对于在伦敦的 D 有对于同样数量的索款权。不是让两笔同样数量的支付分别跨越大西洋，而是在经 B 和 D 同意后，让 A 和 C 交换他们的索款权利，因此这些钱只需要穿过伦敦的两个商行之间一个很短的距离；并且在纽约也是这样。众所周知，在现实生活中这是通过汇票实现的。B 购买一张 C 开给 D 并得到支付的汇票——然后 B 把这张汇票支付给 A，A 在到期日从 D 处收回付款。在这里也可以说由于两个较长的距离被两个较短的距离代替了，因而流通速度无形中加快了。

所有的这些情况都与一系列可以由相关各方自己度量的，并且可以由一个或多个更简单的处理所代替的支付责任相关，就像在力学上一个力多边形或者相应的一系列空间转移被多边形的对角线所代替一样。这也就是在力学上通常所说的虚拟转移；并且正如当虚拟转移产生了一个零合力时达到力学平衡一样，当两个人之间或者一个群组中的借方和贷方收支相抵时，可以说存在了经济平衡，从而抵消了索款权的货币会回归到其起始点。如果在这种情况中现款的应用变得相当没有必要，而同时金属货币此时仍然是支付的价值尺度，则可以依照式子 $0 \times \infty$（零乘以无穷大）将其视为是极小数量的货币以无限大的速度在流通，该式可以根据情况表示任何量。

3. 信用的形式

现在我们要来考虑信用的各种形式以及它们对于货币的重要性。很显然，个人之间替代货币的简单信用对于加快流通速度的影响非常有限。这其中的索款权或债务解除以及索款权的交换或转移只是例外而已。个人之间的商品赊购当然很常见，但是这伴随着困难和风险，特别是在时间较长的时候。最终，正如我们要表明的，个人之间的货币借贷绝不会达到使现金持有量过剩的那种程度。持有现金的作用，正如已经指出了的，是双重的：(1)字面意义上的现金、现款，用于可预见、但不是即刻的支出，以及(2)为无法预见的开支所做的储备。后者中可能还包括省下来准备用于有回报的投资的钱。显然如果我确定当我预期需要这笔钱时能够适时收回它们的话，我只能把前者对外出借。但是这个时间通常都很短，因而不能对借款人有什么益处。更何况，除非我对于自己在有需要时能以同样或更好的条件借到钱的能力有信心，我才会借出我的储备。此外还有我可能根本收不回自己投资的风险，这是一个不能用数学概率规律来度量的风险。对于一个财产很少的人，1,000 克朗的损失无疑要比 10 克朗的损失大不止一百倍。前者可能会把他带入悲惨的境地，甚至毁了他的经济状况。因此利息形式的补偿即使在客观上能完全弥补他所承担的风险或者他所认为的风险,在主观上却不是这样。因为这些缘故,在那些系统化信用、银行业及证券交易工具相对不发达的国家,必要的现金持有量要大很多倍,流通需要大量的货币。

在文明国家,情况尤其如此。在法国,P. Leroy-Beaulieu 几年前估计法国的总金属货币量是 85 亿法郎,而与年度商品及服务消耗总价值相对应的同期国民总收入估计是 250 亿法郎。即使我们按照 Leroy-Beaulieu 的估计假定这些价值(即由收入所代表的必需品,包括原材料和折旧)周转了三、四次,这在我看来已经很多了,货币的平均流通速度都几乎没有超过每枚硬币每月一次的购买和出售。在大不列颠货币的数量要少得多,肯定不到法国的一半(虽然英国银行最近保留了比以往惯例多很多的黄金储备),而商业总量也更大,所以由于高度发达的系统化信用,流通速度高了很多。

系统化信用通过把风险分散到广泛的领域而降低风险;由于相比于处于风险中的数量,承担保证的财富是巨大的,风险的主观因素相应地消失了,因此只剩下极小的风险。这种方式,另外加上信贷工具的集中化,使得借贷交易安全而且便捷。正是这种票据形式的信贷交易文件,它们向他人的转移以及最终转化成索款权,在每一个持有人的手中有效,创建了一个历经千年才发展出来的强大体制。每一个这种信用票据的接收者通常在接收票据的同时也承担了不付款的风险,尽管可能只是很短的时间段,因为他期望尽早地将其索款权传递给下一个人。部分地由于更加快速的执行,部分地由于每个新的背书、每个汇票上的新名字通常来说都是汇票定期承兑的一个新的担保这一事实,使普通商业交易中的安全,及其作为一种信用手段的应用范围被增加了。这样不仅汇票接收者的风险减少了,而且还让他能够在任何时候处理掉它或者获得货币。换句话说,汇票如果有好名声的话,几乎与实际的金属现金发挥一样的现金储备作用。以这种方式,特别是在早期的时候,大商行之间为商业交易所开出的汇票在这个还不是很成熟的时期被当作一种常见的支付媒介用在了更大的范围内,同时不断地被覆盖上众多的名字,以至于常常出现汇票背面空间不够的情况,而这些名字也成了最后的持有人,不论他是谁且不论承兑人那里发生了什么,一定会拿到他的钱的保证。

4. 银行业：关于银行业起源的一些历史记录

然而,信用机构的最高形式是证券交易和银行系统,尤其是后者。此处我们将只是偶尔提起证券交易活动。证券交易所真正涉及的是长期信用、固定资产投资、政府债券、股份等等,然而与作为交易媒介的货币直接相关联的信用是短期信用,这是银行所最关注的。但应该注意的是两者的界线是变动的。正如银行的功能是合并短期信用,换句话说,是用许多个短期信用创建一个似乎是长期的信用,所以另一方面,证券交易投机的功能是通过建立一个用于长期资本投资的持久市场使固定资本流动起来,并且像其他信用机构一样,是以集中和保险的双重模式,而这常常被误解。当今的银行和证券交易活动越来越多地相互融合成交易和支付的媒介,特别是在国际结算中。

第三章　货币流通速度：银行业和信用

所以，我们必须把更多的注意力放在银行上，它实际上是现代货币制度的核心。

人们对于银行的起源没有很确切的了解。我们或许可以理所当然地认为在人类的早期就有富人开始进行了银行业务，即借入钱和借出钱的组合。从经常被人们所引用的德摩斯梯尼（Demosthenes）的一个演说中看起来，在雅典，富人们已经开始了这样的银行业务。相似地，我们在普劳图斯（Plautus）的 The Captive 中读道："subducam ratiunculam quantillum argenti mihi apud trapezitam siet.""trapezita"（trapeza ＝ table）是指一个收到存款的人，尽管在文中看不出他是否要对其支付利息。在中世纪，这种货币的流动往往与货币兑换商的作用相关联，汇票（bill of exchange）一词就是由此（货币兑换商）而来的。在伦敦，金匠们是最早的银行家，他们在英格兰银行创立的时候大量地交易货币。但是在中世纪的意大利以及 17 世纪初期的北欧（在威尼斯、热那亚、阿姆斯特丹以及汉堡）出现的大银行，至少在其初期，与现代银行在作用上有很大的不同。它们的首要任务是提供金属含量能得到保证的足值货币，换言之就是提供交换的媒介。因此对于汉堡银行（1609－1873），汉堡马克 banco 是一种理想的硬币，它由一定重量的纯银制成，它不流通，个人将其存在银行，银行保证会以相同的纯度和重量归还。大汉堡地区商人们的销售条件是所有给他们的付款都应以这种货币进行支付，并且他们通过在银行划拨存款的方法在相互之间清偿债务。这样的银行被称为汇兑银行（giro bank）（giro ＝ circle 即圈子，在他们的情况中是一个顾客圈），但是由于它并不向外出借这些存款（至少在初始形式时是这样），因而不能支付利息，相反还针对存款收取一点费用。所以这些业务并没有引起金属现金使用上的任何节约。如上文所述，这些银行的唯一作用是保持货币的价值；而这在货币持续贬值的时候是相当困难的，尤其是在像德国这样每个邦都宣称有自主铸币权的联邦国家的情况中就更是如此。其他那些早期的汇兑银行也以同样的方式运作。这种体制的后果之一是大量的货币被无用地闲置起来了。这种情况频繁发生，故而政府在财政困难的时候通过从银行借出它们来利用这些资产，从而以与在银行中的实际存款并不相符的*标的物*或者银行存单的形式，使这些货币返回到流通中。事实上，与原始的计划相反，银行变成了信贷机构，成了增加交换媒介供给的工具，或者使全部货币存量的流通速度在实际或虚拟上增加的工具。虽然没有了与全部银行存单总额相一致的实际货币存量，汇兑银行像以前一样继续。然而，只要人们继续相信银行中货币的存在是兑换银行存单的必要条件，就不得不对这些借款严格保密。如果它们被发现了，银行就会失去公信并破产，尤其是如果这些秘密是在政府无力提前还款的情况下被发现的话。

在这方面阿姆斯特丹银行的历史很引人注目。该银行成立于1609年，成立的初衷是做一个纯粹的汇兑银行，而无权出借任何存款。可是渐渐地，亚当·斯密所提到的奇怪的习惯做法出现了，即银行对收到的金属货币或金块基于其能够收回的钱数发放收据，以及证明其在银行的信用文件，即所谓的银行货币，它可以用于对银行的所有支付，因此在全国范围内作为一种支付手段在个人之间流通起来。另外该收据必须每六个月更新一次，并支付所

第三章　货币流通速度：银行业和信用

规定的佣金，否则它们即失效而存入银行的货币就变为银行的财产。但另一方面，"银行货币"保持其作为银行债务的性质，并因而继续在全国流通。结果很多商人出售了他们的存款收据或者让它们失效，而自己依旧继续使用这些"银行货币"。只有必须以金属货币进行支付时，例如向外国支付，才会迫使他们去获取有效的存款收据，这样的收据通常可以在市场中买到，其价格随供需而变动。银行则把这些失效的货币视为自己的财产，并认为自己可以不受任何限制地将其自由地借出。但是这样就使得相应数量的"银行货币"被转化成了没有任何金属保证金的纯粹的信用票据。看起来造成其于1795年垮台的正是这种做法的晦涩模糊，特别是关于银行对超出了至今仍然有效的存款收据数量的那些"银行货币"的赎回责任的不确定性，而不是其真的无力偿还债务，当时由于政治事件的缘故该银行的情况首次为人们所知。

保证见票即付的存款可以在不影响机构清偿能力的情况下被部分用于借贷，这一发现带来了银行业技术的一个重大进步，而其反过来又导致了信用货币的产生。因为这就像接收存款并签发存单，然后把存款借给其他人一样，存单同时仍可以被所有者用作信用票据并转让给其他人，所以这样的存单也可以具有足够担保而被发放给在银行里没有任何存款的人；只要借款人的偿付能力及其信用状况在两种情况中相同，那么对于银行和公众而言，两种情况的结果是相同的。然而在现实中后一种方法可以算作是一种进步。例如，如果经验表明一半数量的对应存款或者其他由银行所签发的见票即付信贷凭证就足以保证它们的话，那么用第一种方法，存在银行的1,000万克朗（比方说）中，可以借出去500万克朗,因而虚拟流通速度会按照 $1:1\frac{1}{2}$ 的比例增加。而用第二种方法,银行可以对全部1,000万克朗的现金储蓄发出信用票据,而这1,000万克朗的现金还在银行,且根据我们的假设足够支付那1,000万克朗的存单以及1,000万克朗的信用票据,也就是说流通速度会按照1∶2的比例增加。实际上,增加甚至会更大,因为在其他条件不变的情况下,相对于银行业务和顾客群的增长比例,对银行扩大的要求相对小一些。

有时候人们认为是斯德哥尔摩的帕穆斯丘奇银行(Palmstruch bank)于1656年首次使用了信用货币(其实信用货币的使用可能更早),它后来成为了瑞典中央银行[①]。该银行的创立是出于需要对笨重的铜进行替代,除了在查尔斯十一世统治末期至查尔斯十二世统治初期的一段时期内,铜一直是该国的标准货币。铜板被存放在银行以换取存单,一开始的时候存单只有由存户本人提交银行时才有效,但随后可由持有人背书后转让给其他人——即所谓的汇票。将铜本身向外借出的难度可能直接导致了银行发行替代的信用货币,即没有相应存款的存单。如果只是在有偿还责任的条件下发给了富裕的个体,可能不会出现什么麻烦,但是因为国家总是向银行借钱却不偿还,所以困难出现了,即使这与该银行建立几年之后就破产无关,但随后的"自由时代"时期也引发了免除银行兑现票据债务的必要性,银行兑换一直被暂停到1776年,然后它们被按照面值的一半进行了兑现。

[①] 关于此处及下文,参见 *SverigesRiksbank*, I-ii(1918)——编者注。

第三章 货币流通速度：银行业和信用

若干年后英格兰银行才成立。它于 1694 年向国家借出了其全部的 1,200,000 英镑财产而开启了它的事业。作为交换，它得到了特权，即作为第一家股份制有限责任公司经营货币生意的权利。在多次向国家贷款之后，作为一个有六个分支的公司，它又被授予了发行钞票的权利。当时在英国小公司和个人已经拥有了这样的权利。这些给国家的贷款一直也没有被偿还，但是该银行在这方面的债权仍然构成了其资本的很大一部分。从严格意义上说该银行从未资不抵债，但是在英法战争的初期其金属货币储备下跌至很低，以至于政府在 1779 年认为应该禁止将其钞票兑换成现金。这就是限制期的开始，并一直持续到了 1821 年，然后银行才恢复以全额兑换其钞票。

另一方面，在奥尔良公爵摄政时期，根据法国著名的斯科特（Scot）和约翰·劳（John Law）的那个奇妙原则于 1716 年所建立的银行机构，在很长时间里使得各种银行企业在该国名誉扫地，迅速地垮掉了。

如英国银行一样，约翰·劳通过向法国政府大规模地发放贷款而得到了这一特权，但是当银行资金不足时，他竭力地通过在此时建立大商行来获得更多资金，其中首先建立的是一个对密西比地区殖民化的贸易公司。国家债券可以按票面价格购买该公司股票或者按比实际买卖利率高出 6% 的利率计息。然后这些债券被交给财政部注销。就这样，该公司几乎完全没有任何运营资本，并被驱使进一步增发股票，而对这些股票的支付是通过银行股票贷款并发行贷款总量的新钞票而实现的。很显然这样的行为必然很快就会有一个糟糕的结局，因为虽然一个国家流通的金属货币可以由纸币来替代,然而运营真正的工商企业就必须要有通过实际存款所得到的实际资本。但其崩溃的主要原因与当时其他国家（尤其是瑞典）的情况一样,在于政府对于金钱无节制的欲望及其对正常商业道德的藐视。

汉堡汇兑银行是唯一免遭厄运、并持续经营的银行。Leroy-Beaulieu 对其给予了高度赞扬,并谴责了 Bismarck 在 1873 年对其进行的查封。然而在我们看来这个赞扬并不是完全恰当的。依据这种原则行事的银行完全不可能作为一个现代的中央银行,因为它完全缺乏弹性。这一点被 1857 年那场世界危机以一种毁灭性的方式证明了,此次危机严重影响了汉堡汇兑银行。在这场危机中银行里堆满了金属货币,由于当时普遍缺乏信心,大家都不敢把钱借出去,因而每个拥有货币或者得到了货币的人都赶紧把它们存入银行。可是按照银行的章程,他们也没有办法把钱借出去来帮助低迷的商业世界走出困境[①]。

总而言之,银行的早期历史就是模糊的自由主义原则的历史,有时过于狭隘,有时又极其荒谬,但是银行史教给我们的惨痛教训没有白费。如今我们在若干看法上达成了共识,尽管不是全部观点,而且我们理解了这些重要的尽管有时是危险的机构的真正作用。

---

① 银行的确发放了一些贷款,但就我所知,它们只限于贵金属证券的抵押贷款,实际上是一种变相的汇划交易。

5. 现代银行业

我在这里无意详细地讲述不同国家现代银行业的技术和特殊形式,这些方面的内容请读者参阅相关的文献。我的目的是尝试阐述目前仍然被政治经济学家极大地忽视了的货币理论,以及在变化无常的货币现象背后的重要原理。我们在这里也关注银行业和信用体系,但只限于它们对货币现象的影响、流通速度、对货币的需求以及价格水平等的范畴内。除此之外,关于在很大程度上影响了整个工业周期的银行对于信贷的促进作用,我们将只是顺带提及。

我们已经说过,汉堡和阿姆斯特丹旧式的汇兑银行起初不提供信贷。贷款业务那时是由私人资本家或者小型公司经营的,他们为了盈利接收他人的资金。在发展的过程中,存款银行或者叫汇兑银行也开始向外贷出存款,并且私人银行家在法律允许范围内联合成更大的团体。这两种情况都发展出了现代型的银行,而现代型银行的最典型特征就是它既接受随时还款的储蓄(随时可以收回的借款、账户、活期存款,等等),又接受通知还款的储蓄,同时在符合安全要求的情况下贷出这些储蓄中的很大一部分,有的时候还同时发行他们自己的纸币,但也有的时候不同时发行纸币。

另一个重要的特征是银行存款和银行贷款几乎总是短期的,例如三到六个月。长期贷款不应该是银行活动的一部分——瓦格纳说,"银行应当只给出与其所接受的为同一类的信用";法律往往禁止其进行长期投资。不过这仍然是一个很有争议的问题,但是若不涉及实际问题,也许有人会说银行最重要的功能之一恰恰是延长信贷,也就是集合那些本质上短期或者不确定期限的信贷,然后根据大数定律,把它们转化成对借款人和生产商有利的更稳定的信贷。银行借入随时可以要求偿还的款项,但是通常来说他们出借时不会按照这样的条款。如果他们这样做的话,就像英国的股份制银行那样,他们也只会对一类特殊的信贷中间人这样做,这类特殊的信贷中间人也就是票据中间人,他们自己也经营某种银行业务,并且他们在需要的时候可以求助于中央银行,即英格兰银行,把他们的票据再贴现。另外,虽然大部分贷款一般都是短期的,但是票据贴现,实际上可以通过票据延期或者对同一个人的新票据贴现使信用关系更加稳定。毕竟,银行只有在不得已的时候才会拒绝一个它认为应该得到信用的顾客。另一方面,如果出借人真的能够较长时间地借出资金,那么他不需要银行同样程度的协助。借款人与出借人有更好的机会相互认识,并且出借人尤其可以了解借款人在业务方面的情况,因而降低了风险,或者至少更易于评估风险。更长期限的贷款,尤其是数额很大的贷款,可能需要中间人,就像发行国家公债的时候(虽然它可能是并且经常是通过直接认购来实施的)或者就像当一个或大或小的地区内的土地所有者们相互结合以担保各自的贷款并因此获得比较优惠的条件(抵押协会和抵押银行),再或者像在某个工业行业必须要得到大量尤其是来自国外的资金的时候,例如城市建设规划等。但更狭义地来说,所有的这些都不涉及银行业。然而常常发生的是,通过银行的短期借入和借出形成了个人之间稳定的信用关系,它在之后的维持中不用银行的协助。例如,一个建筑商在银行贷款的帮助下，可以建一所房子并在日后将其出售或者抵押以偿还贷款。购买了房子或获得了抵押贷款的人或许之前在同一个银行也存了短期储蓄。在这样的情况下他们可以被看作这一交易中以银行为中介的出借人或者共有人。信贷关系于是与银行分离开来并成为一个独立关系。这里应该提一下与银行投资相关的储蓄银行的发展。储蓄银行的确在某种程度上充当了一个现金账户，但是其主要目的是积累那些不适合单独投资到盈利企业、国家公债（邮政储蓄银行）、土地或建筑物抵押等的小额存款。

不管这些不同形式的信用有多么重要，或许比实际银行系统更重要，但它们对货币的影响与银行系统相比却相去甚远。有没有信贷机构的介入都可以产生信贷，并且之后它可能可以保持数十年。完成一项业务所用的钱，如果确实是通过现金实施的，很长时间以后才会重新回到流通环节中，但短期贷款不是这样的。在那时候一个只能把钱放出去几个月的人通常找不到合适的借款人，更不要说调查他的可靠度了。风险，特别是主观风险，变得太大，因而贷款条款会过于烦琐。在没有系统性信贷管控的情况下，这些钱就只会处于闲置中。这时候一个最有安全保障的、随时可以向其借钱，并且同时随时接收存款的中央组织就成了极大的优势。这样一来所有的钱就都可以在很短的时间内结束闲置状态并引入信贷关系（或多或少地间接通过银行作为中介）。例如，商人A需要商品但在三个月之内没有钱付款，三个月后零售商向其付款时他才会有钱。B是一个制造商，他拥有商品，但是立刻就需要钱来支付他的工人们。第三个人C，拥有钱但在三个月之内他的这些钱没有什么用途。那么A将用一个三个月的票据来从B那里进行赊购；而同时 C 把他的钱在银行存三个月。B 在银行把票据贴现并得到 C 存在银行的货币，而 B 以前可能从未见过或者听说过 C。B 把这些钱作为工资分发给他的工人，而工人渐渐地开始从零售商那里购买东西，零售商则在三个月后付款给 A。然后 A 付款给银行，接着银行付还给 C。如果银行这时候不存在的话，那么 A 和 B 都会被迫保留这一数量的货币，而 C 手中同样数量的货币则会处于闲置状态。当这部分保存起来用于意外情况或者经常性支出的现金储备被集中在银行的时候，如果可能的话，通货的节省甚至会更大。在我们的例子中 B 很可能并不取出其汇票上的全部金额，而是在账户上留下一些，这样银行借给他的期限为三个月的钱中的一部分，也在流通中起了作用。

初看起来我们可能会觉得去借那些可能会而且经常会被随时要求偿还的钱有些毫无意义。人们会问，银行能做什么呢？然而经验表明，（尽管历经了几个世纪这个经验才被获得并得到诠释）如果众多个人的金属现金被集中在了银行的金库中，它很大程度上会闲置在那里无所用，除非银行把它们借出去或者用于其他用途。对这一明显悖论的解释由两部分组成。首先是存在着大数定律。即便银行的顾客相互之间是完全独立的，他们全部的人或者其中的大多数人，同时到银行来支取他们的存款也会是极其稀有的事件。通常是除了季节性的波动外，每天支取与存入大体上是平衡的，并且基于同一个定律，随着银行业务的数量变得更大，与其营业额相比，在（支取与存入）两者之间，即使绝对差值变大，其相对差异也会变得越来越小。

让我们从一个无法证明但是在众多不同的领域由经验证实了

第三章 货币流通速度:银行业和信用

的简单假设开始,用一个数学定律理解全部这些现象已经成为可能,这一数学定律即大数定律,它断言某些纯偶然性变量很可能趋于平均(例如在一个连续的"猜单双"中相同数量的奇数和偶数),当然实验进行的次数越多则变量绝对值会越大,但其相对于实验次数的相对值会减小,所以当实验数量以 1,4,9,16,25,……的级数增加时,变量只是以 1,2,3,4,5,……的级数增加,即以实验次数的平方根增加。即使进行 100 次这样的实验时偶数数字不超过 53 个或不少于 47 个的机率是相同的,在进行 1,000 次实验时,它们不会超过或者少于 500±34 也存在相同的机率。

因此,如果实验表明商人必须在手中持有一定数量的货币以合理地确保他的储备金不会在一年之内用光,那么如果 100 个独立的商人在银行各有一个账户,则后一种情况时为达到确保不在一年内用光储备相同的概率只需要在手中保持总存款的 $\frac{1}{10}$。如果银行为了更高的安全性,保持两倍、三倍或者四倍于此的量,即总存款的 $\frac{1}{5}-\frac{2}{5}$,则计算表明用不光的几率迅速地大幅度增加了,并且经验也完全验证了这一点。例如,如果持有一定量的现金在一年中不会用尽与会用尽的可能性是均等的,则在相同的条件下,持有量达到该数量的两倍时可以确信用不尽与用尽的可能性会达到 $4\frac{1}{2}:1$ 以上,持有量达到四倍大时会达到 142:1。因而在后一种情况下,一个世纪中也不会发生一次。

其次,如果有可能达到一个更大的程度,则运营中存在着这样的事实,即一个银行的顾客之间常常有直接或者间接的业务往来,所以他们中的一个人支取货币用以购买商品必然地带来在出售后的短时间内另外一个人来存款。如果顾客们之间有直接业务联系，那么货币根本就不需要离开银行，付款可以简单地通过从一个账户转账到另一个账户来实现。如果我们为了简单起见，假定所有这样的业务都集中于一个在全国各处商业中心都有分支机构的单一银行，并且在银行开设账户已经变得很普遍，比如在苏格兰正快速实现的那种情形，多年来那里至少五分之一的成年人已经拥有了银行账户，那么货币市场的局面将会是下面这样的：即该国家的全部货币存量都会被收集在银行的金库之中，并且从内部周转和业务活动的角度来考虑的话，全部货币存量是绝对闲置的。所有的付款都将由付款人银行账户上开出的支票来完成，但是这些支票永远不会造成从银行中提取货币，而仅仅是在银行的账本上转到收款人的账户上。另一方面，银行不会在实质上借出去存在它那里的一文钱，因为它只要一被使用，就会以存款的形式又流回到银行来。银行的放款业务将是在其账本上的一笔与贷款数额相同的虚拟存款，借款人可以从中提取，而实际的文件，例如已贴现票据，将被添加到银行的证券中；这就是所谓的英国系统。或者可以是对实物担保或担保人的直接抵免，借款人可以在最高限额内任意开支票（苏格兰系统，在瑞典也很常见）。所以在两种情况中，付款都是通过借款人基于其在银行的信用连续地开支票而实现的，每一张这样的支票都必定自然而然地导致与另外一个人的（卖方的）账户之间的信贷，或者是以支付存款的形式，或者是以债务偿还的形式。因此银行对公众的债务仍然超过持有全部这些现金所构成的所有权减去银行的自有资本。诚然，银行对公众的债务中很大一部分只需要付很少的利息或不付利息,因为否则的话这些货币就会被闲置在那里,但是出于对自身利益的考虑,银行会被驱使着去寻找有价值、有收益地使用这些年复一年闲置在那里的货币。然而这些无法在国内实现,除了在黄金行业有可能,关于黄金行业的这一点我们在后面再讲,不过我们可以假定银行成功地将其剩余部分在有利息的条件下借到了国外。如果该银行是一个政府机构,这种自然会使公众受益的利息,当然会成为整个交易唯一的真正经济收益。随后,如果由于人口增长和生产扩大以及货币使用更加广泛的原因,需要更多的交换媒介,那么一般来说银行可以简单地通过增加其票据贴现或者借贷量来实现,而这样做时相应数量的存款会自动地流入。虚拟流通速度以这样的方式增加至无限大,很少量的货币就会满足非常大的营业额需要。

为了避免产生误解,这里必须要注意到的是上文这些论述仅仅适用于一个承接了国内全部货币交易的银行或者银行协作系统。而且即便如此也仅适用于国内营业额。另一方面,如果这些银行之间或多或少地分隔着,如同现实中的情况一样,那么每个银行都必须非常谨慎,不能把其信贷过大地延伸。即使在这个国家中的每一笔付款都是通过从银行账户提取来完成的,一个银行的顾客通常也会与其他银行的顾客有业务往来。他们所开出的支票于是会被很快地传送到其他银行的手中,并被用黄金进行支付,或者,与从其贷款中得到的利息相比,该银行至少会在与其他银行的往来账户上得到相同的或者更高的利息。但同时其他的银行会因此有过量的需求并且恣意地进一步扩展其对公众的信贷。相对于外币市场而言,一个国家的整个银行系统的情况也很相似,这一点我们很快就会看到。

E. Jaffe 在其著作 Das Englische Bankwesen（第二版）中，尖锐地抨击了英国作家 Withers 关于银行中的绝大多数存款都是由于银行所发放的贷款而产生的这一陈述，在 Jaffe 看来这一观点表明了对"作为交易媒介的货币"与"作为资本的货币"的混淆不清。然而看上去 Withers 的观点可以很容易地站住脚。即使所谓的虚拟存款也是真正的存款；借款人得到了提取全部贷款的权利，而如果他把其中的一部分留在银行，则很清楚，这部分显然就相当于由第三人来银行存了一样多的存款。如果借款人将其尽数提取，比如用于购买商品，而该商品的出售者已经把钱存在了他的往来账户中，则每个人都会认为这一存款是"真实的"，虽然事实上这两笔钱没有区别。此外，总的来说，银行存款与银行贷款必须总是一起增加。它们中的哪一个在时间上先发生不重要，因为时间上的差别只是几个小时，或者至多几天而已。

另一方面，基于积蓄因而可以用于长期资本化的存款，与那些由银行临时的信贷盈余所组成的存款之间的差别是很大的。即使在前一种情况中这些积蓄只是短暂地存在银行以便随时进行更长久的投资，它们也在相应程度上减少了当前对贷款的需求，即所对应部分的银行债权最终被支付了（就像前面说到的建筑商的情况，他现在可以出售他的房子或者用它来获得抵押贷款），所以货币会像从流通中撤出了一样躺在银行里，并且因而不会影响价格，除非银行自身决定用这部分增加的现金作为进一步贷款的基金。在另外的两个情况中，临时的存款会促进更快的周转，货币的虚拟流通会提高，国内的价格将上涨到对贸易和外汇之间的平衡造成不利影响的程度，以至银行可能会发现它们不得不自己提高利率以防止黄金出境。

这一过程将在下面的各页中解释清楚。

6. "理想的银行"及其实现的障碍

上文所勾画出的理想银行系统在当代以"普遍相容"的名义吸引了很多作者的注意，他们提出了种种实现它的建议。这一发展方向是很明确的。这一点我们只需要去看看英国、德国和美国的银行票据交换所，以及奥地利邮政储蓄银行遍及全国的大量支票业务等等。这个假想的系统在理论上极其有趣，它对影响货币价值的因素提供了一个非常重要的评价方法，而这也是我们将在本书下面的主要部分中所关注的。在现实中阻碍它的实现，并且在现有条件下必将继续阻碍下去的困难，并不是实施集中化的困难，因为这些困难可能会被逐渐地克服，它们是下面这三种情况：(1) 对工资、零售业等小额支付的特殊需要；(2) 国际收支；以及(3) 到目前为止我们给予了很少关注的一个情况，即贵金属除了用于货币之外，也是某些工业的原材料。这个在目前无关紧要的功能，或许会随着金属停止用于货币，而相应地成为最重要的功能并处于主导地位，结果造成贵金属，特别是黄金，变得不适合作为价值的度量。我们将在后续的几页中分别来考虑这几点。

A. 小额支付：纸钞

并不是所有的支付都可以用支票来完成。有一些支付金额太小了,对于它们代币通常就足够了,所以它们不影响本位货币的问题。更为重要的是,即使我们假定该系统已经高度发达到甚至连最穷的人也有了银行账户的程度,大多数购买者也没有足够的信誉,或者卖方对他们不够了解而不能不经调查就接受他们的支票。如果支票存在的形式是其本身就带有在银行中实际存有这一数量的钱的保证,那么这个困难可能会被克服。出于这一目的,它们应该以相当的数额由银行来发行并且应该被设计得难以被仿制或伪造。实际上,这种支票已经存在了250多年。它们被叫做纸钞。事实上一张纸钞不过就是一张支票,一个在银行中有某个数额存款的证明。至于是真正的存款还是虚拟的,换句话说,至于钞票开始时是用于交换金属现金还是像支票那样以预付款的形式发行给顾客,是无关紧要的,因为在两种情况中都是由银行来负责支付或者兑换该钞票,通常就接受人来说这就足够了。事实上,通常这是绰绰有余的,因为其他人接受以钞票付款的确定性是非常高的。纸钞是不是凭指示也不重要,因为保证就在于钞票本身。在一些国家,例如英格兰,人们非常习惯于在提供钞票时通过在上面背书名字而给予进一步的保证。当支付的钞票被接受并仍然为接受者所有时,其意义在于我们前文中已经说过的虚拟性,即它具有与他本人在银行中存有钞票所对应数额的货币同样的效力,或者更准确地说是他自己把这笔钱留在那里而没有立即提现。

支票与纸钞本质上相同这一事实最近已经被几个货币方面的作者注意到了,并且他们不无道理地指出了近期一些国家对其钞票问题所做的众多限制的前后不一致,另一方面,这些国家并没有采取任何特殊措施来保证通货中支票的立即付款。

我们必须承认，的确，支票和钞票存在着并非无足轻重的差别。钞票，尤其是那些小面额的钞票，无限期地保持流通，并且大部分处于那些无法去查询银行偿付能力或者流动性的人手中；就此而言公众比对支票更为谨慎地对待钞票的可兑换性是很自然的。但是这两种情况在立法上的差别的主要原因是由历史造成的。钞票问题的严重性被视为是对早期灾难性地滥用钞票的反应，国家本身几乎总是应该对造成这些滥用负主要责任，尤其是在我们自己的国家。另一方面，应该说支票，或者更确切地说是那些产生了支票的存款（"根据要求随时付还"），比纸钞更危险，至少如果后者是由国家担保的话。因为如果一个银行倒闭了，在银行存款的所有人会发现自己陷入了困境，至少不能立即使用他们的存款了。然而纸钞可以成为强制通货，即它可以被宣布为是法定货币，我们自己的瑞典央行纸钞就是法定货币，不论它们是否可以由银行兑换，并且经验表明它们至少保有其价值的一部分，而且往往是保有全部价值。比如 1870-1874 年间在法国就发生了这样的事，当时法国纸钞被确立为法定货币。此外支票的使用是以个人之间有一定的信任为前提的，实际已经证明由于这个原因，在信任缺失的时候，比如在危机时，对于支付媒介的要求相比于平时会转向金属现金和纸钞。

如果不进一步深入讨论我们在这里所提到的关于银行业务的问题，或许可以说，在一个像我们这样的国家，一个发行较低面额钞票的国家，一个因此本位货币（黄金）在普通业务中几乎根本不流通、银行的金属库存被专门用作对国外最终付款的储备的国家，对交换媒介的正常需求，或许会被肆无忌惮地限制到一个所期望的小数额之内。

在较低面额的钞票被法律明令禁止的地方情况却大不相同，比如在英格兰、法国和德国（除了数量有限的一些德国帝国国库券外）[1]。这不仅迫使在普通业务中不得不使用大量的金属现金（黄金），而且也使得银行储备被支取出来去满足内需。如果商品价格上涨，或者货币交易额增加了，那么国内结算就需要更多的金属现金，这一定是首先通过支取存款来满足的，而这时没有相应的付款由其他来源进入银行。而且私人的现金储量虽然小，但汇总起来的量却是在银行里现金的许多倍，所以即使是公众对于金属现金小百分比的需求增加都会导致相对大很多的银行金属储备量的上涨。然而除此以外，在这样的时期不但需要更多的金属现金，一般来说也需要更多的钞票和更多的交换媒介。因而不管对于钞票兑换的法规有多么严格，它们都不会有多大用处。真正重要的是银行应该在需要的时候有足够的交换媒介储备可用，正如我们稍后将证明的那样。在专家圈子里越来越多的人开始持有这样的观点，即不同的钞票兑换系统仅仅在它们对于这样一个储备的强制维持方面是有价值的。如果准许较低面额的钞票，那么对于所有的国内需要，这种储备完全由钞票、也就是未使用的银行信贷构成可能不会有任何风险，然而在上文提到的国家中它当然必须由金属现金构成。英格兰银行"业务部"的纸币准备可以于任何时间在"发行部"兑换为黄金。在上世纪中期以来的关于货币的著作中，

---

[1] 然而德国国家银行获得了发行 20 马克钞票的权利。〔要记得 Wicksell（维克塞尔）所写的是战前的状况。——编者注〕

我们时常发现大量金属现金必须处于流通之中被当做健全通货的一个条件,可是这一推论的基础却很难让人理解。或许可以更确切地说在目前的条件下这是软弱和不安的来源,并且人们几乎不会怀疑如果一个国家具有一定数量的黄金货币供其支配,那么把这些金子聚集到银行的金库里比把它们散布到个人中间会令流通更加稳妥。因为在前者的情况下它无可比拟地更易得到和使用,例如在必须向国外付款的时候。①

现在让我们来继续讨论上文中提到的通货中没有金属货币的第二个障碍,即在国际清算中对贵金属的需要,以及保持一个所有国家共同的价值标准。

B. 国际收支:贸易差额和国际收支差额

在任何特定的时间,一个国家中总有一些人拥有国外的债权,一些人有国外的债务。虽然这些通常表现为个人的商业交易,所以对该国家整体的影响并不比在国内进行同样数量的业务往来更大,然而它们有时候影响该国的通货,并且在一定程度上它们的影响就像是该国家作为一个整体拥有这些国外的债权或债务一样。全部债权与全部所欠债务两者之间的关系,在某个特定的时刻或者在一个特定的时期内,被称为*国际收支差额*。如果债权超过债务称为顺差,而相反的情况则是逆差。当然,这些债权或者债务中的大多数是由贸易、由商品的进口或者出口产生的。由于这个原

---

① 无疑,正是对这一事实的认识,诱使德国国家银行去发行较低面额的钞票,正如在前一个注释中所提到过的。

因，人们长久以来习惯于把由当前国际贸易所产生的国家对外关系以贸易差额的名义作为一个整体，并按照出口价值超过进口价值或者反之，称其为顺差或者逆差。然而在考虑所涉及的实际问题时，我们必须记得*贸易差额仅仅构成国际收支差额的一部分*，虽然常常是其最重要的部分。确实，通常在设定它时甚至没有包括直接产生于那个贸易的某些义务，特别是运输收入。进口商品因为运费而变得更贵，而出口在一个国家的统计中通常是按其在装运港的价值（或者叫 FOB）来计算的，尽管对方国家当然必须要支付它们的运费。于是，如果一个国家用自己的船运载其进出口量的一半，而另一半用外国的船，那么该国商品账户上的国外总债务与该国进口的申报价值会相差货物运费的一半[①]；相反地，由于商品出口而得到的对外国的债权与那些出口商品的申报价值相比，会超出运费的一半。这就引出了那个明显的、经常被批评的悖论，即所有国家的出口合计起来在价值上远远超过合计的进口；因为即使一个国家在商品账目上的国外债权和国外债务实际上是平衡的，表面上该国的债权也会以该国出境航运总毛利的数额超过其债务。

1912 年在瑞典这一差额达到了 10,600 万克朗，其中 4,000 万克朗来自外国港口之间的货运。同年的进口量和出口量分别是 78,300 万克朗和 76,000 万克朗。因而那一年我们在贸易差额中本应该是一个真正的顺差。此外，我们一定不能忘记尽管已经改

[①] 但是在美国的贸易统计中，出口通常是按照 CIF 来计算的，即保险和运费被计入了货物的费用中。在美国的贸易统计中进口是按 FOB 价值来计算的，即国外起运港的价格。这种差别使得美国的贸易差额看起来相比其他国家有更大的顺差。

第三章　货币流通速度：银行业和信用

进了很多，但贸易统计本身仍然还很不完善。特别是对于出口统计，出于很明显的原因，还有许多待改进之处，并且通常来说在价值上可能被低估了。

事实上，关于我们与挪威的贸易额就是这样一种严重的误解，这一误解就是狂热地主张并最终造成了所谓的国际法被废除的那些人争辩的原因，因此它对于联盟解体的影响比其他任何事情都大。

但除此之外，编制一个完整的收支平衡表还有许多其他的必要项目，它们中有一些在借方，有一些在贷方，这些我们在这里只能稍带的提一下而已。如果一个国家在国外有大量的资本投资，例如外国政府证券、债券、股份或者其他直接资本投资，那么所获得的年息自然是来自国外的贷方项，而且那个国家可以在多年里继续让进口远远超过出口，而不会损害其相对于外国的关系。就作为一个债务国可以有显而易见的贸易顺差而且年复一年变得负债更多而言（大不列颠帝国就是或者说至少曾经是一个明显的例子），它甚至可以进一步地增加。如果像通常所发生的那样，贵金属或者金属货币的运输不包括在贸易差额中，则后者注定会有些使人容易被误导。一个生产并出口黄金的国家通常是有明显贸易逆差的，因为一般来说它所出口的其他商品少于其进口的商品。相反，由于这个原因通常大多数进口黄金的国家平均而言总是有相对的贸易顺差，因为必须要用商品年复一年地支付黄金，所以大量的商品流出，黄金流入。最后我们还应该把旅行者随身携带的金额或者汇往国外并在国外花费的金额包括在内，反之亦然。特殊的一类是移民们取出来寄回家乡的钱（在瑞典这不是一个小数目），以及遗产和遗嘱遗赠，还有贷给外国和从外国借贷来的钱。

诺贝尔遗产对于我们的贸易差额的影响就好比我们在那一年从国外借了大约3,000万克朗。现在这笔基金的奖项每年颁发一次，大多数授予了外国人，这与这样一笔借款的年息是相似的。

所有的这些项目合计起来构成了对外国的收支平衡。如果它是逆差，那么或者(1)多出来的这些外国债权必须要被延长或短或长的一段时间，这相当于缩减对另一个国家的债务，或者(2)必须马上发运相应数量的货物，这样做的目的是可以使用贵金属已积累的存量。纸币也可以用来作为支付的工具，而且事实上在有不可兑换纸币的国家中已经在大规模地使用了（在柏林众所周知的卢布交易就是一个例子，现在已经被废除了），但是，不管是否可兑换，它们都不能以其面值足额被接受，因为它们在那里不是法定货币，外国收款人一定是作为投机来接受它们，直到它们可以被用来支付从其发行国进口的商品；同时它们没有利息。

这种未清偿贸易债务的延期或合并每天都在以各种不同的形式发生，通常是在银行的协助之下。当今的银行在所有国际贸易中起着带头的作用，而且它们正在越来越多地这样做。如果缺少合适的钞票，一些银行将向商品进口商出售其在外国银行账户上的汇票或者支票，而当它们在那里的账户用尽后，它们会通过借入或者向国外销售债券进行补充，所有的这些，从整个国家的角度上来看，与新的国外债务是相同的，是未偿付债务与当前对外国债权之间差额的增加。或者可以商洽直接的国外贷款，这经常是在不从事国际贸易的团体之间进行的，比如国家、抵押银行等，而且最终是为了非常不同的目的，但直接结果是就付款到期而言获得了喘息的机会,直到出口得到增加或者进口减少。例如,瑞典的咖啡进口商囤积了大量的咖啡,但是由于时机不好、木材价格低等缘故,咖啡的消费量低于以往的水平。大概在同时,国家从国外筹集了一笔铁路借款;由国家支付工资的铁路工人们从邻近的村庄购买牛奶、面包、土豆等,也购买咖啡。于是农村人口得到了购买咖啡的货币,咖啡进口商现在可以在银行的协助下,得到相当于国家由于贷款而赊欠外国的数额的汇票,也就是还没有偿还的那部分借款。这样做的真正结果是其他国家以咖啡的方式给了我们信贷,而我们把这些咖啡用于生产性的目的,即用在了直接(或者间接)支付铁路工人。当铁路建设完成后,内地的居民开始能够向国外出售黄油,出口会增加,而与此同时咖啡经销商或许也已经谨慎地降低了他们的进口,所以一切都会再次好起来。

只有当这样的外部债务延期不能被适当、快速地实现时,金属货币的运输才成为值得讨论的问题。为了评估形势以及这种行动的过程和效果,记住以下这些很重要。对应于从国外进口的商品,总是有另外的一个消费者,他为了拥有该商品,会提供一个等值的交换物,也就是可供直接或间接出售给其他国家的具有相同交换价值的商品。进一步继续我们的例子:咖啡进口商销售给农产品经销商,后者则销售给农民,农民为了有钱购买咖啡而把奶油出售给乳品厂,随之乳品厂再把黄油出售给黄油代理商或出口商。

促成所有这些交易的货币接连不断地在全国范围内流通。咖啡进口商定期地把他从农产品经销商那里收来的钱交给一个或多个银行以换取汇票或钞票;同样地,银行从黄油出口商那里得到外国汇票,黄油出口商作为交换收到与他们所支付给乳品厂的相等

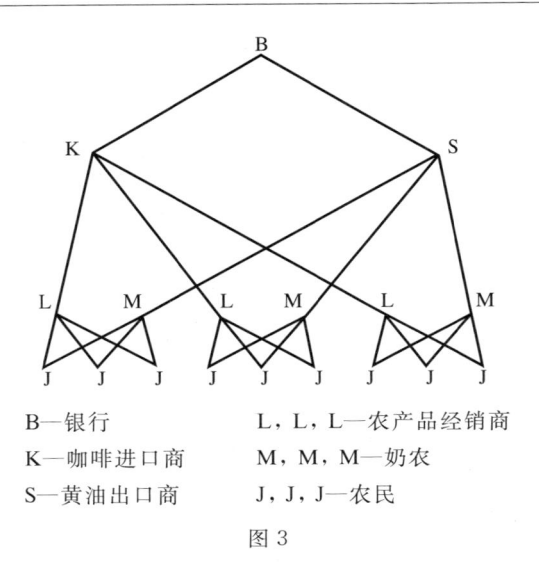

B—银行　　　　　　L，L，L—农产品经销商
K—咖啡进口商　　　M，M，M—奶农
S—黄油出口商　　　J，J，J—农民

图 3

值的钱。对汉堡的咖啡欠款一直是通过伦敦或者纽卡斯尔开出的黄油汇票来支付的，而这些汇票也因此被用于德国与英格兰之间的付款。

由于通常人们总是努力地改善或者至少维持其经济地位，因此多出来的债务或者未解决的债权只能被设想成下列假设之一。可供出售给国外的商品相比以前数量减少或价格降低，或者通常的进口商品价格大幅上涨，由此造成了公共灾难或不良危机，就像最近在煤炭上所发生的那样，再或者，像谷物这样通常由国内生产的消费品，由于收成不好或者其他情况而必须在很大程度上进口。于是，最简单且最明显的结果将是：在前面两种情况中，对于外国商品的消费量降低，继而其进口量会相应地降低，或者是在最后一种情况中，对于谷物所必需的额外进口将会由其他商品进口量的减少而抵消。例如，由于持续干旱，牛奶的产量比平时低，乳品厂的黄油产量减少了，农民得到的可以用来购买咖啡的钱因而变少；或者木材价格下跌，随之而来的是木材工人的工资也降低，他们因而不得不相比平时减少对产自国内其他地方的农产品的消费，并且可能会以更低的价格得到它们，农民们的结果也是完全一样的：他们购买其日常消费品的能力降低，包括咖啡。如果农产品经销商和咖啡进口商能够预见到这些结果的话，那么他们的咖啡进口量就会与减弱了的用于咖啡进口的汇款需求相平衡了。但是恰巧他们已经为近期储备了存货；结果是需要另外一种向国外支付的方式，且必须要以某种方式找到它。但是到第二年的时候这些差异已经自动地自我纠正了，过多的存货造成进口减少，而同时在有利的环境之下，黄油的出口恢复到了正常水平，或者是木材卖到了正常价格。因而在正常的汇票供应下，第二年对于汇款的需求会减少，相对于外国的状态会改善，向国外的贵金属运输，如果已经开始的话，将会终止，并且反过来开始输入金属货币，一切都恢复正常。确实也可能发生下面的情况，即对于外国商品（例如谷物）的需求在一个荒年太大了，以至于限制使用其他进口商品也不能弥补该差额。在这样的意外情况中，当然个人必须得到用于消费目的的信贷，在这个例子中这与他们仿佛消费了自己的资本有相同的效果。大型信贷机构直接或间接地满足了对信贷需求的增长，并且由于如此借出的钱又很快返回到银行，准备用来兑换成外国货币，相对于外国的状态将是不变的，即逆差。但是即使是用于消费目的的信贷也必然是短期的。个人经营情况的恶化必须被改善,而改善一部分是由于消费的减少,另一部分无疑也由于不久以后更大的工作强度,尤其是如果国家或其他大公司能够把他们的海外信贷用于未来工业利益,且同时协助纠正消费需求的增加以及国际收支,情况就更是如此。

在这里我们的目的只是要指出那个经常被忘记的事实,即对外贸易逆差或者国际收支逆差在大部分情况下毋庸置疑地会通过个体消费者和生产者所采取的措施而自动地自我纠正,而这不会使价格或信贷结构有任何严重的波动,或者对货币有任何实际的影响,这充其量不过是暂时地运出一部分黄金储备而已。提高银行利率只会趋向于加速一个虽然较慢但不管怎样都会自动发生的过程。

但是国际收支逆差也会在银行对货币市场实施必要的直接影响以恢复平衡的情况下形成,因为货币市场中的异常情况已经造成了干扰。这特别可能发生于有过大的投机以及大规模生产性资本投资的时期,而这是与当今生产性资本几乎总是以货币的形式通过金融机构来转移这个特殊状况联系在一起的。正如在上册中所表明的那样,实际上所有的生产除了需要劳动和土地之外,还需要资本,而资本确实大大地节省了劳动和自然资源。如果资本化生产增加,或者生产的资本主义特征增强了,归根到底这意味着有另外一些数量的劳动和土地被从当前的直接消费中撤出来,以便投入到或多或少在较远以后时期消费的生产中。但是如果实际资本的累积,即实际的节省以及对当前消费的限制,与对用于未来消费的劳动和土地增加的需求一起出现,则不会有对于生产资料的供给与需求关系的直接干扰,更不会发生外国收支差额中逆差增大。否则，在国内不能被足量获取的资本就必须要在国外获得。这经常是直接完成的。想要建立一个资本主义企业的人先从国外借款，这意味着实际上他用信用从国外得到了部分工具、机器和原材料，以及某些直接或间接地转到该企业所雇佣的工人和企业所需土地的所有者那里的必需品。例如，国家筹集了一笔国外贷款用于铁路建设，或者一个私营的铁路公司做同样的事情，或者这样一个公司从国家那里得到了一笔贷款，而它本身在国外发行债券，或者附近的土地拥有者们认购该企业的股份并通过抵押得到所必需的财产，我们假定其最终来自于国外。如果这样做，就不会有立即到期的国外债务，因此在企业完工之前对国际收支的平衡没有干扰。如果它没有达到预期，后果要么是破产，这种情况时外国将不得不将其债权勾销；要么是国内的一些私人，比如对国家纳税的人们，将不得不节省开支以获得支付贷款利息和分期偿还所需的钱财。因而即便在那种情况下，也不一定就会有贸易逆差或国际收支逆差。

但是也许该企业在开始时只用了银行贷款而没有其他手段；创办人或许提交了一个债券贷款，国内银行为了自己发行这些债券而以某个价格接受了它们，尽管这时候他们还没有成功地实现这个发行。或者，股东们已经通过从银行贷款而获得了用于认购股票的钱，或者为了转换成新企业的股份或债券而提取了银行中的存款，这些存款是银行留存的并基于它们来向其他人发放贷款，这与前者其实是一回事。换句话说，用于实现必需资本转移的货币或信用进入了流通，并在没有任何相对应的实际资本积累的情况下行使了购买力。比平时更大的一部分可用的土地和劳动被用于未来的生产,而比平常小的一部分仍然用于满足当前对必需品的需求,虽然对它们的需求已经增加了而不是下降了,因为创办人对于土地和劳动的需求增加可能已经导致了工资和地租的升高。如果该国家是孤立的,那么,正如我们在后面要证明的,尽管所有必需品的价格多少会有明显地上涨,但最终会实现经济均衡。企业家们将不得不为其原材料、机器以及工具等支付更多的钱,并且他们对于生产资料未来产量的预期会低于在一开始他们得到了钱的时候,当时这些钱的购买力所带给他们的产量预期。但是与此同时所有消费品的价格也都会大幅上涨,全部收入所能买到的东西会少于平时,并且每个人不管其收入多少都会被迫对消费进行限制,而这种被迫的限制实际上构成了资本的真正积累,如果用于未来消费的生产资料总额增加,则不论在何种情况下这一积累必定会实现。然而事实上,过程并不完全是这样的,而是过剩的货币购买力转向国外,这是由国内市场价格的轻微上涨所引导的。原材料、机器以及日常消费必需品从国外进入;但是由于其他来自国外的正常进口没有同时发生减少并且向外国的出口没有增加,所以除非有什么事情是相反的,否则贸易差额必然会很快地转为对本国不利。

即便如此,也不一定必然会出现很大的麻烦。银行也许能够以优惠的条款从国外借到资金或者吸引外国人把他们的资金存在这里。如果外国的利率比国内的利率低很多,那么就需要设法取得外国信贷,而这几乎总是自动进行的。那么国际收支就暂时达到了均衡,尽管是贸易逆差。其作用是好还是坏,取决于需要增加资本的企业是否盈利,而这只有在将来才会显现。

但是相比于自己从国外的借款，如果国内的银行以同样的甚至更低的利率也贷出了钱，结果贸易顺差的债务延长变得经济上不可能或不利，那么通过我们现在要开始研究的机制，货币、金银必然开始向国外流出，并且假如那样的话它们是不会自行返回的，因为对公众来说不存在任何直接的原因限制消费。逆转这种黄金外流需要那些控制该国家货币的人以及那些由于他们轻率的信用政策导致了这一切发生的人采取特别的措施。

C. 外汇[①]

黄金外流的征兆首先是对外国汇率的上升。绝大多数的国际采购和销售都是以长期或短期信用来进行的，只要由它们所引起的债权相互平衡，国际收支就直接或间接地通过抵消债权来实现。更详细地说国外付款可以通过两种方式之一来进行。要么债务人允许债权人签发汇票，后者随后可以用该汇票在我们的市场上支付款项，虽然他通常会在外国市场中把它卖给在瑞典有债务要偿还的人并由此拿到钱。或者买方可以向国外的卖方承诺发送相对应的等价物，或者是黄金，或者是在债权人的国家中可支付的汇票，这些汇票因而在那里有一个固定的价值，至少一直到它们到期之前。前者被称为承兑付款而后者被称为汇拨支付。还有第三种方法，它实际上是前两种方法的结合，这种方法大多在远距离支付中使用，这种方法即索偿或间接承兑。一个身在瑞典的人想要从阿根廷购买商品，他与伦敦的一家银行或大商行安排让阿根廷商

[①] 关于有纸币的国家之间的外汇，参见 *Ekon Tiddkr*，1919，第 21、87 页。

人按他的债权给银行签发汇票；在汇票到期之前瑞典的购买者必须偿还承兑人，例如用他在瑞典所购买的英格兰的应付汇票。这样也就产生了银行家的介入，并且这种介入在相邻国家之间的商品交换中介入程度稳步增加。例如，如果一个在国外没有存款的人在那里订了货物，一般是通过向这里的付款银行寄送发票和提单进行支付，在购买者向银行存入了议定数额之后，银行会发给卖方一个以其在国外存款签发的汇票。

承兑与汇付之间的本质区别很明显，前一种方式中买方只是保证在本国以本国货币付款，而卖方承担运送货币的风险和麻烦。而对于汇付，购买者承担用卖方货币向国外付款的义务，现在运送的费用和风险落在购买者一方。当然，有的时候，汇票是以其他国家的货币签发的，但在这种情况中从承兑人的角度上通常会把它看作是一个汇款的承诺。根据瑞典外汇法第35章，他必须按照当前的汇率以瑞典货币支付，这和说他必须购买议定量的外国汇票是一样的。

如果一个国家在国外的债权和债务是均衡的，这种承兑与汇付之间的差别是无关紧要的。例如，如果一个国家中的商人习惯于对其全部的国外应付债务用承兑，而对其全部的债权用汇付（英格兰在很大程度上就是这样），那么国外的债权人只需把他们的承兑权出售给那些需要向该国付款的人；这就是通常在教科书中所规定的国际汇票交易程序。如果在两方国家中都有一些债权产生了汇票，也都有一些债务产生了汇款承诺，程序是相同的。但是如果两个国家中的全部或者较大部分的债务都通过汇票支付，那么在两个国家中都会因此有许多汇票的出售者，但是没有或者最多

第三章 货币流通速度：银行业和信用

只有少数人购买，因为大多数买方已经承诺到期日在本国他们自己的办公室或者国内银行里支付自己的承兑；因而他们不需要购买汇票。尽管这并不会引起汇率的下降，但是这种安排方式使得一些销售者为了得到钱而把他们的汇票送到国外用于支付，或者，如果它们还没有到期，则到银行将其贴现。这样汇票的供给与需求很快达到平衡。另一方面，如果两个国家中的全部或者大多数债务人都承诺用汇付来进行支付，这可能很容易发生在刚刚相互建立起商业关系的国家之间，这时商人之间的相互了解和信用还不够充分，那么直接的效应将是在两国中都会出现许多汇票的购买者；而卖者这时无汇票出售，因为他们已承诺在国内用本国货币付款。但是在这种情况下这里的债务人（一个进口商）可以找一个国外的朋友对他或对一个这里的银行开汇票（所谓的通融汇票），该汇票将由他来偿付。届时这样的汇票在国外会受到欢迎，并将被获利出售。原来国外的债权人将会按销售价格收到付款，而当国内的债务人支付了他的通融汇票或者偿付了银行后，无疑他就解除了债务。

如果我们的市场中出现了汇票的过剩或短缺，而与此同时在国外向我们所开具的汇票也有过剩或短缺，这不会影响汇率，因为纠正措施非常简单。如果过剩，我们可以把国外的汇票兑现并购买对瑞典开的汇票。如果短缺，我们可以开通融汇票或者偿付。但是如果在一个地方出现短缺，比如说在瑞典，而在外国出现过剩，这个问题就变得更加严重了；因为有了真正的赤字，不仅正式的信用业务无济于事了，而且这时如果不能马上通过担保一个长期的国外贷款，即延期债务来偿付，后果必然是国内对汇票的需求会超过供给,并且相反地,在国外对一个国家开的汇票的供给会超过需求;在国内对外国汇票的汇率会上升而在国外对我们汇票的汇率会同时下降,并且当这种情况达到了一定的程度时,对于瑞典的债务人来说,获取黄金并将其运至国外,然后以高汇率购买汇票会变得更有利;而我们的外国债权人不是以低于面值的价格出售他们的汇票,而是会把它们送到国内进行兑现或贴现并将收益以黄金的形式运出,这是因为在我们的市场中购买外国汇票价格昂贵。这样黄金就会开始从国内流出。黄金会被频繁地运给那些按所运送数量给外国签发汇票然后将其在国内市场出售,并以此作为职业的人。

据说面临这种命运的国家有出现国际收支逆差的危险。在进一步继续之前我们应该思考一下这个经常被误解的词的含义。很显然高汇率在现实中只对那些在国外有债务要偿还的人不利,而且是仅在他们已经订约用汇付来进行支付的情况下。但是如果他们已经允许国外对他们自己开票,那么汇率波动基本上不会对他们有多大影响。同样的汇率对于那些目前打算从国外进行购买的人也是不利的,因为卖方考虑到在境外处理我们国家开具的汇票的困难性,一定会要求通过汇付来付款或者对其商品报一个更高的价格。另一方面,同样的汇率显然是对卖方有利的,尤其是如果他们自己已经向外国开了汇票,因为他们现在可以在国内市场方便地把它们转让。但是如果他们已经约定了用汇付进行支付则也会受到汇率波动的影响。所以这样的汇率也对那些目前打算向外国出售其商品的人有利,因为他会在其开给外国买家的汇票中收到更多的钱。在以往,汇率的波动比现在大很多,现今即使在具有不同标准币（金银本位或纸币本位）的国家之间，上述情况也往往构成了恢复国际收支平衡的重要纠正机制。另一方面，在具有相同金属本位币的国家之间，现在汇率的波动只有不到1%，因而其所起的作用微不足道。但是不管怎么样增益或损失都仅仅落在个体买卖合同双方身上，而整个国家不受影响。

如果，如同经常发生的那样，承兑付款和汇付的分布情况是外国汇票在国内的接受者足够多，则情况至少是上面这样的。另一方面，如果像前面所述的两种情况中其中一种那样，所有的销售者都向外国开了票并且所有的购买者都允许外国卖方向他们开票，那么很明显后者不会因为汇率的上升而有任何损失，因为他们只是承诺在自己的国家以自己的货币进行支付。另外向国外销售的前者所处的环境会有利于把他们的汇票送到外国兑现以便全部买下对本国所开的汇票，而与此同时本国的汇率下降。他们因此而获得与在国内的任何损失都不相对应的利益，所以后者作为一个整体通过本应是不利的汇率而获利，并且由此减少了其最终的国外债务。在完全相反的情况中，即所有的卖方都规定以汇付支付且所有的购买者都承诺进行汇付时，如果出现了国际收支逆差和不利的汇率，显然购买者将遭受损失。我们已经说过的那些必须找朋友向他们开具以履行付款的通融汇票，将在国外被亏本出售。但是销售者们既不会获利也不会有所损失，因为他们只要在到期日时在家里等着收以其本国货币所支付的付款就行了。故而国家作为一个整体将遭受全部损失，以至于国际收支赤字会进一步扩大。古诺（Cournot）把前一种情况作为整个外汇理论的基础，他认为外汇的调节方式是如果在开始的时候贷方和借方的差别不是很大，则它们会相互抵消。然而这一假说完全没有根据，并且它假定了一个在现实中可能不会发生的支付条件组合。

至于较高汇率的后果，也就是金属货币的外流，并不一定被视为对该国不利。在一个黄金出产国，正如我们已经看到了的，其贸易差额，以及由此造成的汇率变动，通常是不利的，因为一个出口贵金属的国家很自然地会进口更多的其他商品，因此总是相对缺乏国外可支付汇票。这一短缺会被金属的出口补偿，但是在汇率上升到使金属出口达到商业盈利的程度之前，这一点无法实现。但即使在本身不生产而是进口黄金的国家里，在确实需要清偿国外债务的时候，也总是会有意地积累黄金储备。有的时候必须使用这些储备，当这种情况发生时，本质上不应将其再视为是不幸的事情，这就像一个人为了获取必需品而花钱一样。"对外贸易逆差"和"国际收支差额"这些措辞实际上传承自重商主义学派，以及众所周知的相对于商品本身，其对货币本身的过高估计。尽管如此，高汇率以及随之而来的黄金外流对一个国家来说总是一件重大的事情，因为如果其过于严重，正如我们将很快谈到的，银行会被迫对提供信贷进行限制，这可能会造成对整个国家经济生活的干扰。

D. 外汇平价和黄金输送点

在正常条件下，当对外国的债务与债权大致相等时，用于付款的到期外国汇票的价格将大致符合本国与外国货币含金量之间的关系。在瑞典 900 令（Rm）的见票即付汇票或者到期汇票的价格是 8,000 克朗，1,000 法郎汇票的价格是 720 克朗，100 英镑汇票的价格是1,816克朗。

根据供需的变化,汇率可能会并且确实会围绕平价在一个方向或另一个方向上波动,但是现今它只在很窄的限度内波动。任何购买汇票用以结清国外债务的人首先节省了货币运送的费用,这可能是远距离运送的费用,尽管它从来都不是很高,因为它实际上只不过是保险费用或者在运输中的特殊保护上的花销。此外,如果黄金要被转换成在外国可被接受的货币,还要加上将其熔化及重新铸造的费用,或者把黄金换成硬币或纸币时中央银行所做的相应扣减。但是还有个额外的情况,那就是国内的货币可能而且是经常被磨损到了法定的最低限度。任何到银行拿纸钞付款的人,或者提取所储存的黄金的人,都会因此而不能得到与硬币的面值含金量所对应的足值黄金。因为所有的这些原因,汇款人会有意地支付比汇票的票面价值更高的价格(因为汇票可以邮寄传送,挂号信或平信都可以),他多付的部分甚至可以达到上面提到的三种费用所达到的限度。

在对外国汇票的汇率中,能够使购买汇票与运送黄金一样便宜的汇率被称为黄金输送点,或者更准确地说,黄金输送点上限。

另一方面希望在这里收到黄金的外国汇票持有人也必须接受相同的扣减;因而他更愿意将汇票在这里出售,如果有必要低于平价的话,下限是在扣减了费用后,将汇票送到国外支付并在这里收到黄金还对他有利的额度。这一低于平价且可能最低的汇率,被称为"黄金输送点下限"。当超过这一点时,黄金就开始流入国内。

这些都是主要因素,在这里我们无法顾及到那些影响汇率和黄金输送点的次要因素。在这方面请读者参考专门文献,例如

Goschen 的著作。这些因素之一是银行经常以高于外国硬币金属含量的价值(扣除铸币费用后)兑换它们,因为他们迟早可以把它们用于对该国的付款,所以汇率的极限在两个方向上都有所减少。另外也可以看出,即使理论上在现行汇率下并不需要去做黄金运送,也不完全排除黄金运送进入和流出一个国家。例如,当一个国家的货币破损严重,必须重新铸造时,或者当一个国家即将采取金本位时,那么不管怎么样它都必须设法取得所必需的黄金,而且有时候不得不从国外采购,即便从商业角度上讲出口黄金可能是赚钱的。当然,通常来说这种活动都会被推迟到汇率有利、黄金自行流入或者是可以用尽可能低的成本得到黄金的时候。

E. 黄金流出时中央银行的贴现政策

如果一个国家的汇率达到了黄金输送点上限,或者该国在外国的汇率跌到了黄金输送点以下,这两者是一回事而且实际上通常同时发生,以至于向外国流出黄金开始了,那么这个国家应该做些什么呢?最简单的应该是让这个问题自我纠正,并在它们迟早会自己返回的预期下允许硬币流出——不管是否将其熔掉,除非实际数量对于国内周转和必要的储备来说过剩了,在那样的情况下该国则并不希望它们返回。我们已经尝试着表明在很多事实上是在大多数的情况中,这样的返回自动发生,这只是因为一年或两年的过度进口必定会导致在随后几年进口减少。按照古典学派的说法,在任何情况下这都会发生,因为国内现金供给的减少会导致所有国内市场价格的下降,这往往会抑制进口、刺激出口。在我看来这一论点的理论真实性不可否认,但是其实际意义,特别是现代商业条件下的实际意义,并不是很大。一个国家商品价格水平的下跌就其本身而言是不利的,除非先前的价格水平异常的高,这可能是贸易逆差的原因,虽然不一定必然是基于这个原因。由于我们的出口价格大跌,尽管销售量更大了,但总收入可能比以前更少了,因而抵消了这些效果,这是有可能的。因而有人可能会说黄金储备的功能主要是尽可能地预防商品价格水平的扰动;然而为了达到这个目的,要么储备必须非常庞大,要么一旦它开始要被消耗殆尽时就必须采取措施对其进行替代。我们国家的年进口量大约相当于瑞典央行铸币及非铸币形式黄金储备的八倍。所以如果差额必须以金属现金来补足的话,进口额的一个不大的百分比增长都势必会明显地影响到我们的黄金储备。

此外,因为很难在事先确定贸易差额的变化到何种程度才会通过消费减少而快速自我纠正,或者反之继续下去并引起黄金的持续外流,所以黄金运送的迹象一出现,银行就应该寻求手段来防止其发生并逆转其变化也就不奇怪了。

最简单的被公认为最有效的办法是当这种迹象出现时,由银行在提高存款利率的同时提高贴现率和其他贷款利率。黄金储备的每一次减少都会使银行的金属储备与见票即付债务之间的关系更加不利,并且,如果黄金储备的减少是通过提供纸币发生的(为了黄金交运),那么这也减少了公众手中交易媒介的量,从而增加了对贷款的需求;结果,只要银行有义务一经要求即兑换纸钞并以黄金支付存款,在这些情况下贷款条件的收紧就几乎是自然发生的。另外,如果贸易逆差实际上是由于过度廉价的信贷造成的,即由过低的贷款利率造成的,那么就需要立即提高贷款利率,并且较高的利率必须一直维持到生产条件及资本市场的状况已经改变了的时候。但即使贸易逆差具有暂时性的性质,临时提高利率仍然可能是一种理想的延缓手段,并且可能避免引起商界的动荡及信心缺失,而在现行的银行法下,当现金储备下降时,这种信心缺失总是存在的。

较高的贷款利率改善贸易差额和汇率以及逆转黄金流动方向的方式有很多,但都出自同一个原因,即它们延迟了我们对外国未结清债务的支付,或者在一个或长或短的时期内促进了我们收回在外国的存款的效率。当国内的利率更高时,外国人会更加乐于把钱借给我们(除非利率的激增本身破坏了信心,就像1866年在英格兰的危机中所发生的那样),不论他们采用的形式是开信用证还是在我们的银行存款,或者在国内购买由于高利率而价值下降了的有价证券(尽管其价值在国外并未下降),我们所得到的第一个结果总是有了更大数量的外来存款可以用来开汇票,以致汇率会下降且黄金交运变得不再有必要,甚至进口黄金可能更有利可图。从国外收回投资于外国证券的本国资本也会带来同样的结果,这必定也是因国内市场较高的贷款利率而来的。一种特殊的延长国家未结清债务期限的方法与长期和短期汇票之间的差别有关。多数的商业汇票都是开成相对长期的,比如两个月、三个月甚至六个月。其他的汇票,尤其是银行汇票,期限仅仅是短期的几天,或者见票即付。当然,一般说来,由于贴现率的关系,只能在一段时间之后到期时再支付的汇票要比相同面额的见票即付汇票价值低些,贴现率首先决定了价值有差异,其次是如果汇票持有人想在银行得到钱,贴现率决定了必须要支付多少。这样它就成了在该国开具汇票所基于的利率。但是,对这一规则有一些重要的限制条件。例如,如果贴现率是每年4%,那么一张对国外开的三个月到期的100英镑的汇票按票面计将价值99英镑(或等值的外币)。如果英格兰的贸易差额成了逆差,那么对于见票即付汇票和长期汇票的汇率都将下降,但两者之间的差异依旧相同,即1英镑。然而,如果英国市场提高了其贴现率,比如说提高到了6%,那么如果长期汇票现在用于向英国支付,其价值会少10先令。因此,高利率的直接效果是长期汇票在兑换中价值下跌更多。对于持有这种汇票又不是马上需要钱的人,这个原因会使得他在汇票到期之前一直持有,而不是立即将其卖掉,因为以后它的价值将达到其全部面值,至少在英格兰是这样。出于同样的原因,银行和其他金融机构发现把市场中的这种汇票全部买下是有利可图的,因为用这种办法他们得到的利益比从别的地方得到的更高。故此长期汇票贴现率或多或少地上升到其最低值以上,即如果只是上面所提到的因素单独起作用的话,它的下降并不完全像其应该下降得那么多,并且,由于这样的汇票显然变得对汇付无用了,所以对它们的整个需求被转向了短期汇票或见票即付汇票,这两种汇票的汇率也开始上升,可能升至与黄金输送点上限一样高,以至于向英国出口黄金而不是从英国进口会变得有利可图。另一方面在英格兰,由于外汇上升的缘故,那些本来将一直保留至到期日的、由银行或个人作为资本投资手段持有的长期对外汇票,会立即流入汇票市场,结果英格兰对国外的支付工具储备会增加而其他国家对英格兰的支付工具储备将减少。

可是很显然,所有这些措施本身都仅仅是缓和剂而已。一旦英国利率恢复到原来的水平，外国资本就又将撤出，并且外国市场上英国汇票的正常供给将加入那些由于上述原因而被一直保留至到期的汇票，所以形势会再次变坏。但与此同时，贸易差额本身可能会转为对英格兰更有利，所以不需要采取什么措施去防止黄金交运。

然而，高贴现率，特别是已经持续了一段时间因而已经开始影响长期贷款利率的高贴现率，还有其他的一些性质更为严重的后果，尽管这些后果更难证实因而非常有争议。高利率会促进储蓄，而储蓄，我们还记得，等于减少当前的消费。另一方面高利率阻碍需要新资本的新企业成立和老企业扩建，以至于国内的生产力与以前相比被更大程度地用于生产即期消费的商品。另外借款困难会引起被迫出售现有的存货，等等。换句话说，对商品和服务的需求下降而供给增加；价格下跌，进口被抑制，而出口被刺激。但是价格下跌对于一个国家来说并非是有利无弊，不到万不得已不应采用。一般说来，这种下跌不会发生，因为短期提高的贴现率在开始对商品价格产生影响之前足以逆转黄金流动的方向。如果由于这样或那样的原因，它们相对于国外价格提高了太多，降低它们以恢复均衡就绝对必要了；换句话说，较高的贴现率必须持续得比本应合适的时间长一些。其中一个重要的因素是尽管按惯例当高利率的特殊吸引力消失后，增加的外国信贷就会撤出，即使当利率已经恢复到了先前的水平，由高贴现率所引起的价格下跌也会保持，这一点我们将在下一章中说明。但是如果以前的利率已经过低，以至于它本身就是国内价格持续升高的起因（当然这将不适用）。在短期内利率将没有必要恢复到较低水平，新的较高的利率会成为适宜的正常值。我们将在后面再来推究何谓正常利率。

上面所述的仅仅直接适用于那些只是偶尔利用外国资本的贸易大国。由于它们只是偶尔利用外国资本,因此在这些国家里利息通常与周边的国家一样低,甚至更低。在像瑞典这样的资本相对稀缺、必须从国外大量地借入资本,且国内的利率一般高于那些大国的国家中,情况或许不太一样。为了让外国人在我们需要的时候把钱借给我们,把利率升高到使他们愿意来投资的程度或许不是什么问题,尽管利率已经很高了。如果可以通过用国家、抵押银行等更好的信用方式替代个人信用来实现这一点,那么或许有可能在没有进一步提高利率的情况下实现外国资本的流入以及随之而来的贸易差额及汇率的改善。如果借款总能够找到生产性的应用,那这一切就再好不过了。如果它只是为了短暂的需要并且增加了应当由现代人来承担的未来的负担,那么就应该拒绝它。另外,对该国新增储蓄起刺激作用的高利率,从长远来看是否更合适是不确定的。

在 Goschen 所著的 *Theory of the Foreign Exchanges* 瑞典语译本的附录中,赫克歇尔提出了瑞典银行提高利率是否在某种程度上不会造成外国资本流出的问题。他认为每当英格兰的汇率出奇的高的时候,我们就可能通过提高我们的贴现率来成功地吸引英国资本家把资金存入瑞典的银行。由于这种资金会通过英格兰签发的汇票进行转移,所以直接后果就是英格兰的汇率会下跌。但是,赫克歇尔说:"一旦英国货币的汇率跌至相当于此时以德国货币计的英币汇票的价值以下时,汉堡银行就会开始成为英币的买家;那么一方面对英币的需求将增加,并且可能在这个国家中的部分德国资本将以对德国开的英国汇票的形式离开该国。这些因素又将引起英币汇率升高,并将使该国丧失一定数量的外国货币,从而抵消了高利率的影响"。

只要德国汇票的汇率没有同时下跌,此时汉堡的金融家利用较低的汇率在套现业务中盈利是很自然的事情。但是我们市场的形势并没有恶化,因为对于离开市场的每一张英国汇票都产生了一个相对应的我们在德国的信用。另一方面德国资本家在低利率时把他们的钱留在这里、却在利率升高后取走似乎是矛盾的。确实,此时低汇率本身可能促进和加速了外资的撤离,正如此时它阻碍了外国投资一样;但是如果汇率下降本身是由贴现率的升高引起的,虽然不能完全抵消,但是也可能对高利率产生的对外资的自然吸引起到一定的反作用。

赫克歇尔自己也承认一直较低的利率可能对贸易平衡以及汇票贴现率有不利影响,就通常被保留至到期日的国外向瑞典签发的长期汇票而言,经常在到期之前就被拿出。但是这可能并不太重要,因为我们的利率低于国外的利率或者与它们一样低。

F. 小面额硬币、黄金溢价、中央银行的贷款政策

如果提高贷款利率是改善国家支付平衡、降低汇率的一种不可或缺的方式,它也并非由于这个缘故就是一个特别令人愉快的手段。高利率给商业世界带来困难,与其说是高利率本身造成这种情况,不如说是能够产生确定收益的证券和其他财产形式往往在国内贷款利率升高的时候贬值。特别是抵押给银行贷款的证券往往因此而不足以偿还贷款,如果借款人无法再提供另外的证券,

他会被拒绝贷款而且可能不得不停止偿还。因此持续的银行高贴现率是艰难地维持不欠债的企业行将破产的一个信号。如果利率的上升是由经济状况的根本改变所引起的，比如说过高的商品价格水平或者真正流通资本的相对短缺，那么这样的灾难是不可避免的。在某种情况下具有一定资本价值的财富形式在不同的条件下不能保持价值不变，但如果银行黄金储备的外流已经比较随意，那么反之，高利率会产生原本可以避免的困难。所以近几年人们已经把注意力转向了某些其他措施，比如使用小面额硬币，一些中央银行在面临黄金外流的威胁时使用它，特别是法国和英国银行的黄金溢价政策。在法国，银币（5 法郎的）是总额不受限的法定货币（虽然它已经不允许自由铸造了），并且法国银行不必无条件地以黄金兑现它们的钞票，而可以用银兑换。银行在黄金大量外流即将来临时特别是从外国账户中外流时利用这一特权；它拒绝交付自己的金币，而对于储备中的黄金和外国金币在票面价值之上要求一笔或多或少的附加费（对自己的金币要求这样的附加费是法律所禁止的）。因为通常来说只有黄金、而不是价值较低的银币可以被用于国外支付，结果将是只要普通流通所需数量的黄金无法得到，法国的黄金输送点上限——它也是法国汇率的最高点，将会改变；因为黄金输出的费用将增加（就法国黄金而言），增加的数额为被强加的附加费。这种汇率的额外增加此刻将会与利率的增加产生同样的作用，它将使进口更加困难，而刺激出口，并引起对外国信贷的需求，所有的这些都将改善国际收支平衡。但是同时，正如人们所说的，它不会影响国内的商业；较高汇率所带来的不便只影响那些因过度进口而危及国家黄金储备的人。然而这项措施的益处从国家的角度来看是有些令人怀疑的。从国外进口商品就其本身而言是一种值得称赞且有用的业务,但如果做过了头,则进口商们将不可避免地因不得不低价出售商品而受苦。阻止他们按照通常的条件得到国外接受的支付工具会使其处境更糟,这看起来是不明智的,并且从长远来看必然会制约我们的出口贸易。至于刺激出口,这当然会使出口商们得益,但是对于作为一个整体的国家而言这种强制地向外国销售商品实际上并不总是有益的,甚至常常是适得其反的。从长远来说进口和出口应该相互平衡是正确的,但是如果银行没有对黄金要求溢价这也会发生。当这样的措施对于国家整体不利时,阻止强制出口或对于进口过度限制的是在如果需要时的黄金交运或者其他对外付款工具的可能性,而不是商品。

英格兰银行也偶尔以两种方式使用黄金溢价。第一,在当外国对黄金有强烈需求时,银行对金条和外国金币采取一个高于平时的价格,不过是在很窄的范围内,因为黄金价格受限于英国硬币的法定最低重量,或者其允许磨损程度。因为英格兰银行有别于法国银行,它不能拒绝以黄金兑换纸币或者支付存款。第二,当英格兰银行需要黄金时,对未铸币的黄金支付溢价。其法定买入价是每盎司铸币黄金3英镑17先令9便士,但是有时候它支付3英镑17先令10个半便士的全额铸币价格,甚至支付3英镑18先令或更多。在这种情况下,显然其限度也是由英国金币的磨损程度所决定的。

在这两个方法中后者是前者的自然结果,但在操作上它好像是由英格兰银行自己支付的存款利率。在高黄金价格的影响下,

第三章 货币流通速度：银行业和信用

不断地从那些黄金出产国流入到欧洲的金条，被引向了英格兰银行，它们留在那里，直到溢价解除而使得把它们取出并送到别处时有利可图为止。因此溢价起到了一个小幅度利率的作用。这把我们带到了另一个虽然还没有在关于货币的文献中被讨论过但是却值得关注的问题上，即中央银行本身所具有的在某种情况下准许存款利率的优势。正如我们所知，这往往是变相地完成的。例如，当英格兰银行被迫提高贴现率，但却不能诱导其他银行和贴现行（所谓的公开市场）也这样做时，它通过出售一些其大量持有的英国政府债券和长期债券来努力减少公开市场中的贷款供给。这通常是在所谓的终端市场进行的。英格兰银行出售证券换取现金，但同时按略高一点的价格，以（比如说）一个月为交付期再回购它们。这种操作实际上只不过是相当于将长期债券以卖出和再买入之间价格差的利率借出去。但在我看来如果英格兰银行和其他央行在希望吸引资金①的时候对存款直接给利息也会收到同样或者是更好的结果。反对这一点的那些理由在我看来是不足以令人信服的，央行不应该与其他银行竞争可能是正确的也可能是不正确的，因为所有银行业务活动的本质就是集中②，并且一个国家的所有银行由于其票据交换系统的安全性确实构成了一个相比于大多数其他商业分支更为统一的系统。但是如果那些中央银行在把贴

---

① 在这一点上，对照 Emil Sommarin 在 *Ekon Tidskr*, 20, 97 – 131 页（1919）上发表的文章"Om rätt for Riksbanken att gottgöra ränta å depositioner,"。在 1920 年的瑞典国会上，瑞典中央银行得到了准许对存款有利息的许可。

② 维克塞尔在 *Ekon Tidskr* 21, ii(1919) 上发表的一篇文章中进一步阐述了这种观点。

现率提高到正常水平以上并且涉及引导其他银行为了公众的利益而限制他们的贷款业务时，也限制自己准许存款利息，那么就几乎谈不到有错误的或不正当的竞争了。在我看来这样或许可以在一定程度上避免当前贴现率的剧烈波动，正如存款利率和贷款利率的更加接近会被证实是银行集中和控制整个国家货币系统的最好工具，虽然对它们而言这可能不如现有系统那样赚钱。

G. 不使用黄金的国际收支调节

以上阐述的大部分是与众所周知的事情相关的。不过我不觉得应该省略它们，因为它们是为回答一个我们在这里非常关注的问题所做的必要准备，该问题即：从现代银行业发展的角度来看，维持大量的黄金储备用于境外付款在何种程度上可以被认为是不可避免的？看来似乎对这一问题给出的答案应该是否定的。人们正在尝试尽可能地放弃不必要的国际黄金转运，并且避免它们采用的方式从根本上说是相同的，这些尝试正在不断取得成功；当普通商业票据信贷不足时，则采用大型金融机构和国家之间的相互信贷（因为作为支付手段的政府债券的出口只不过是国家信贷的应用而已）。的确，每一年都有更多数量的黄金从一个国家转到其他国家，但是它们主要是由从黄金出产国按各国对黄金的需要或者吸收能力而向它们转移必要的、新生产的黄金所构成的。也许这是由于某些国家即将从不可兑换纸币本位制或银本位制转到金本位制，因而它们想要吸收大量的黄金。由于黄金运输的实际费用非常低，因此所需的供应是否来自于生产国并不重要。频繁的贸易关系以及外汇的状况可能使从周边国家直接获取黄金更便宜,这些周边国家会再从其他国家或直接从黄金出产地区获得补充。因此这些黄金的转移是维持庞大黄金储备的结果而不是其原因。再者,就借助于黄金来调节贸易平衡而言,为了放弃那些完全多余的、毫无意义地进出各中央银行的成箱的黄金运输,想必只需要国际银行业务在已经取得的发展之上再小幅进步即可。所需要的就是那些银行之间达成协议向公众出售彼此都见票即付汇票,而不考虑任何汇率上的差别,即按票面价值付款。更激进的一个措施是中央银行同意按平价把彼此的纸币(以及它们各自国家的黄金货币,尽管这不会经常是必要的),兑换成它们自己国家的纸币和通货。如果这样做了,在同样面值的长期汇票和短期汇票(或见票即付汇票)之间当然还是会存在价值差异,但是后者会始终保持在平价或者非常接近,因为否则就可能用挂号邮寄来购买银行汇票或者发送钞票了。除非接收人由于某种原因想要黄金并愿意付运费,即用于工业用途或者银行在被迫增加其黄金储备供自己用时,否则这种情况下的黄金运输是绝不会盈利的。即使是现在,也很难坚持认为这种协议是不可能的。它在斯堪的纳维亚的中央银行之间一直存在到了1905年。在1885年,他们同意在相互之间出售无任何汇率差额的见票即付汇票,按照前面提到的赫克歇尔的观点,这一措施"极大地促进了三个国家之间外国汇票汇率的总体稳定性;它对汇票采购和销售市场的扩展有利于批发贸易,并且间接地对消费者有利,不过或许对银行家们不利,因为他们失去了赚钱的套汇交易机会"。若干年以后这个协议由另一个协议进行了补充,即三个北欧国家的央行明确地承诺免费兑付相互的纸币,这样一来斯堪的纳维亚各国之间私人原因的黄金汇兑再也没有必要了。如果这样的一个协议变成了世界性的,那么当然,这些纸币的兑换和相互之间提款数量的结算将可以成为银行的事务,并由经常被提议的那种共同"世界票据交换所"协助完成。

显然在这种情况下,各国银行尤其是各国中央银行必须保持在彼此账户上的总量将会大大超过现在的总量,但不管怎样,与现在各国之间所存在的各种类型信贷的巨大金额相比就微不足道了。以黄金进行这种往来账目的结算无疑将变得几乎没有必要。可是既然只要它们达到了一定的规模就自然会产生利息,那么显然对于每个国家的银行而言,在国际收支一旦变得不利时为了恢复均衡而提高国内利率的需求与现在将是相同的;不过提高利率相比现在经常出现的情况,会少很多干扰和骚动。然而,值得一提的是,对于现今利率的剧烈波动,正如赫弗里希在其 *Zur Erneuerung des deutschen Bankgesetzes* 中所指出的,往往是由国内市场对支付手段尤其是对处于流通中的黄金的需求波动所引起的,而不是因为由于外国原因所产生的对黄金的需求引起的。

H. 纯粹信用体系的最终障碍和克服它们的可能性

如果我们总结上述部分的结论,结果将是:至少在理论上,对于国内需求以及任何数量的国际支付,黄金都可以很容易地被信用所替代,而且辛苦积累的、数量庞大且日益增长的铸币形式的黄金储备是无用和多余的。这不仅适用于一般正常情况,即使作为突发情况的安全储备,这些黄金储备也是完全不必要的。以前在动荡时期常常出现的对于钞票即使是中央银行的那些钞票的不信任,现在已经完全消失了,特别是从在隐秘氛围中的银行业务变成了对其状况的定期公开报告,并且令人遗憾的国家财政与货币政策的混淆不清已经成为了过去之后。在如今的危机之时,商业界担心的是银行的信贷能力枯竭所导致的信贷紧缩,而不是它们的信用工具将失去价值和购买力。如今我们再未听说过公众抢兑黄金的风潮,但是经常听说商人和证券经纪人到中央银行抢着贴现汇票,以便应对银行准备金或者法定纸币发行中的未动用部分跌至异常低因而私人银行开始限制信贷发放的风险。1907年在美国发生的那场著名的大恐慌显然与该国独特的银行业状况有关,由于美国银行系统已经在更为合理的基础上进行了改组,所以那样的恐慌不大可能再重复发生了。在政治动荡时期,比如战争爆发,情况或许会有所不同。但是即便是实际资本在生活必需品、马匹、武器等的供应方面直接起最重要的作用,它也间接地通过总体财富以及基于此的政府信贷起到更大程度上的作用。那种认为没有信贷而拥有数以亿计黄金的现代国家可以成功地发动战争的想法过于天真了。著名的施潘道区尤利乌斯博物馆内价值1,200万马克的德国战争囤积主要是古董珍宝,即使在1913年被增加后也是这样。它对于当今德国的战争动员来说只不过九牛之一毛而已。

那么我们就证明了黄金作为支付工具和价值尺度可以完全地或部分地被省去,货币作为一个整体可以单独地建立在信用之上吗?如果真的是这样的话,这时国家财政又将是极大的节约。全部的铸币黄金储备,总计超过4,000万瑞典克朗,就可以任由工业使用,目前所生产的黄金中只有大约$\frac{1}{4}$可以被用于工业用途,而今后生产的黄金就可以全部都用于这一用途，更确切地说，生产黄金所使用的巨额资本和大量劳动的$\frac{3}{4}$将可以被用于其他更加有用的用途。在早期以及近期都有一些作者倾向于这一观点，这其中就有瓦格纳，他在其名著 *Geld und Kredittheorie der Peelschen Bankacte* 中表达了纯粹"银行准备金"的观点，即以银行资产组合中所持汇票和证券作为纸币发行和支票的唯一依据将会是最理想的，不仅从节省的角度来说是这样，而且从维持货币价值稳定的角度来说也是这样[①]。

但是这个结论在目前的情况下还为时过早甚至是不正确的。只要黄金还是价值尺度，也就是说只要对私人的黄金自由铸造是货币体系的基础，那么大量黄金储备的持有，无论从其他方面来说是多么无效，都是虽然令人不快但必要的。这应当是显而易见的，而且如果我们试着去想像如何在现有的情况下实现向纯粹信用体系的转换，就更是如此。通过发行更小面额的纸币，小到日常使用中所可能的最小金币的面额，甚至更小，就像在瑞典那样，或者通过相应地发展支票和往来账户的使用，金币无疑将会被完全从使用中挤出，但是首先要有黄金被存在银行，而银行的储备将因此而增大。在相同的价格水平下，银行应付这些新增黄金或者阻止由于黄金的不断生产所带来的存量连续增加实际上已经不可能了。因为如果他们试图以当前的铸币价格出售黄金，换取如证券或者其他形式的财富，他们在哪里能找到购买者呢？只要银行自己必

---

① 瓦格纳在其后期作品中似乎已经放弃了这一观点，并且以我看来在强调黄金作为纸币发行和银行信贷的基础。

第三章 货币流通速度：银行业和信用

须以铸币价格或者稍低一点的价格购买所有可以提供给它们的黄金，低于铸币价格出售黄金同样不可能。事实上，只要允许为私人自由铸币就不可能。即使银行想要出售黄金，最后也不会成功地把它们处理掉，因为其中的大部分会很快地以钞票兑换或者其他形式的存款返回到它们那里。

只有通过运用大幅度提高价格的权力（我们假定它们拥有这种权力，并将在下一节进行探讨），通过降低利率并同时降低黄金铸币和非铸币黄金相对于商品和服务的交换价值或购买力，银行才能达到目的。这种价格上涨将对黄金生产起到阻碍作用，黄金的生产费用会因此而增加，并且会刺激黄金在工业上的使用，当工业消费量达到或者超过了黄金产量时，银行储备将会因被取出用于工业应用而逐渐用尽。但与此同时也播下了未来货币价值波动的种子，因为随着银行的供给不断地被工业需要所耗尽，它们迟早要去考虑如何补充它们（因为银行仍然被迫要为它们的可兑换纸币或者提取黄金的存款人提供黄金），而这样他们就只能通过强行使价格再次下降以抑制黄金的工业应用，并同时使黄金生产能更为盈利。黄金储备越萎缩那些价格波动就会越剧烈和频繁。总之，货币的交换价值会受制于价格波动，价格波动与铜或铁为本位币时普遍存在的情况相似，不过或许程度没有那样大。

另一方面大硬币存量的存在并不能保证货币价值的稳定。它们确实会对偶尔引起产量或者工业消费量扰动的变化起到缓冲器的作用，但是所累积的存量对于这些范围内的持续和重大的变化，比如新发现了大型金矿或者现有金矿枯竭，是完全无济于事的。如果过去70年的经验似乎还不能把这一点证实到人们所预期的程度，那完全是由于19世纪后半叶金矿和银矿的大发现与多数国家的人口大增长，以及从易物贸易向货币贸易的转换是同时发生的这一事实，尽管信用系统有了快速的发展，但是人口的增长和贸易的转换使得对黄金的需求大幅增加。另外，更重要的是，这些发现伴随着在几乎全世界范围内对金本位制或同类的本位制的采用，而银成了单纯的商品。然而，这些因素或多或少都具有偶发的性质，并且它们并不总是组合在一起出现在所期望的方向上，正如1893年至1913年的10年间非常高的价格水平清楚地表明了的。因而我们当今货币系统的优越性在很大程度上是一个假象，而且把我们的整个经济系统建立在像发现某些贵金属这样的变化无常的东西之上的危险性，迟早会显露出来。事实上，我们的现代货币系统具有缺陷和内在矛盾。发展信用旨在使现金储备的持有变得不那么必要，然而那些现金储备是货币价值稳定的必要保证，尽管远不是足够的保证。此外，我们还必须考虑到总体物价水平频繁的大幅度变动，这种变动的直接原因是信贷在景气和不景气时期的扩张和收缩。

只有将货币的价值从金属或者至少从其商品功能中完全脱离出来，废除所有的自由铸币，让铸币和纸币彻底或者更普遍地成为信贷机构所使用的单元，无论是对于交换媒介还是价值度量。只有这样才能克服矛盾并弥补缺陷。只有这样，才可能有一个逻辑严谨、结合了货币媒介经济性和价值尺度稳定性的信用系统。

在这一点上我们所直接面对的问题是：归根到底，货币的交换价值到底取决于什么？假设是在一个理想的银行系统和纯粹的资本主义中，这一价值在时间和空间上能被如何调节呢？在目前现金和信用业务混合的系统中它实际上是如何调节的呢？我们现在应该关注这些问题。从前面已经谈到过的可以清楚地看到，它们不但在理论上极其重要，而且在实践中也是这样的。

第四章　货币的交换价值

参考文献：鉴于货币的交换价值及其波动问题在货币理论中的极端重要性，可以说在关于这个问题的文献中它们被论述的不够深入。关于该问题的那些最重要的著作可以追溯到19世纪上半叶，特别是李嘉图著名的小册子 *High Price of Bullion*、*Reply to Mr Bosanquet* 等，在一定程度上讲还有 Senior 的 *Lectures on the Cost of Obtaining Money and on the Value of Money*，以及由比尔（Peel）的《英国兰银行条例（1844）》所引起的辩论，尤其是图克的 *Enquiry into the Currency Principle*（还有 Newmarch 的 *History of Prices*）以及 Fullarton 的 *On the Regulation of Currencies*，它们都是针对比尔的。比尔本人及其追随者们的作品科学意义不大。Wagner 最值得一读的作品 *Geld und Kredittheorie der Peelschen Bankacte* 中很好地记述了全部的辩论。在该问题的解决上近代时期几乎没有什么进展。相反地，这个问题的那些已知的困难使得大多数作者们都尽其可能地去规避它，并且产生了一些最离奇和最无用的解释。近代关于这个问题最有趣的作品或许是"the Report of the Gold and Silver Commission，1887（3卷本）"。

另一方面，在用综合指数衡量货币价值变化的统计学方面也出现了大量良莠不齐的作品，C. M. Walsh 详尽的著作 The Measurement of General Exchange-Value（New York 1901, p. 580）中介绍了所有的衡量方法，并列出了完整的参考文献。

Subercaseaux 在他的 El papel moneda（Santiago de Chile, 1912）中，以一种引人入胜并且全面详尽的方式阐述了不可兑换货币的历史，这对于正确评价货币价值的各种理论极其重要。最后我们要提到 Irving Fisher 所著的 The Purchasing Power of Money(1912)和"A Compensated Dollar"（Quarterly Journal of Economics, 1913）。前者是从统计学上证实数量理论的一个有趣尝试。后者则记述了作者关于货币价值调节的一些有过很多讨论的建议，但以我个人的观点看来这些建议缺乏充分的根据。

1. 通过货币的交换价值能了解什么？货币的价值和商品价格

一旦货币成为普遍的价值尺度并被定为法定货币，避免一切剧烈、意外的价值波动就变得极为重要。实质上正是"价值尺度"这个术语表达了这一需要，因为如果这个定义要具有真正的意义或者要与其他的物理计量单位有相似之处，那么我们一定要假定这个去测量其他东西的尺度本身必须保持恒定。但这并不等于说价值的度量一定是像长度、面积或者容积那样的简单机械过程。即使是在自然科学的世界中，我们也不得不经常满足于纯粹的推测测量，直到更为精确的测量方法被发现。例如，在用温度计测量热量时，并不能由此断定水银柱上的每一个刻度上升都表示热量本身成比例的增加，后者必须通过专门且详尽的研究去确定。但我们还是需要一个在已知条件下一直指示一个确定温度的好温度计，例如当水结冰时显示 0℃ 而在水沸腾时显示 100℃。

所有切实可行的关于货币体系改进的提议实际上都是从保证这个价值的稳定性上出发的，虽然或多或少是有意而为之的。当人们说政府或者银行应当设法提供充足的足值货币，或者一个稳固同时又灵活的货币系统时，所有这一切真正指的是应当对货币的价值进行保护使其免受剧烈的波动，使其既不以货币贬值的形式向下波动，也不以商品价格下跌的形式向上波动：这包含了在空间上保持货币价值稳定性的需要，即把一个国家的货币单位保持在与另一个国家相同的水平上。

有时候，我们确实听到有人说货币价值的某些变化，特别是商品价格的逐步下降或逐渐上升，在某些情况下或许比绝对的稳定更可取。价格上涨会对企业家起到刺激作用，而货币价值的下降会减轻债务人因草率而招致的债务负担。然而这种看法显然是幼稚的。只需看到下面这一点就能知道原因，即如果这个货币价值的下降是我们自己深思熟虑的政策，或者确实是可以被预期和预见的，那么所料想的那些有益的影响将永远不会发生，因为即将到来的价格上涨在所有的交易中都会被那些聪明的人考虑在内。因此，需要去仔细考虑的是无法预见的价格上涨。看起来结果是我们应该袖手旁观，不去破坏自然的有益运作。但是自然并非总是会保证价格上涨，价格下跌也会发生。

合理地调节货币价值的第一步，显然一定是对货币价值波动的规律和原因进行深入彻底的研究。然而，在这项研究中，我们不但面临理论上的严重困难，还面临实践上的严重困境。首先且最困难的是确定我们所说的恒定货币价值到底指什么。对我们自己而言，我们所说的货币价值与货币交换价值是完全相同的，是一回事，即其对商品和服务的购买力。因而对于我们来说，货币的价值与价格水平是同义词，或者更确切地说，是相互关联的概念。当我们谈到货币的内在价值时我们所指的仅仅是未铸币金属的交换价值，就像在代币或者标准货币有限制铸造的情况中那样，它实质上不同于铸造货币的名义价值。在真正的意义上，任何人们认为用来比较和度量商品固有价值的货币内在价值都并不存在。货币的主观价值，即其边际效用，正如我们已经在前言中所指出了的，主要取决于其客观价值，即其购买力。当然，如同其他的消费客体一样，用于工业用途的金属本身有它的用处和边际效用，但是在目前的情况下这只发挥次要作用，而且是处于其自然可变的因素中，并且经济上的重要性极低，所以不应该决定货币的价值。

在近代，已经有人尝试要把货币交换价值的某个方面作为稳定性的标准，即其对于劳动的购买力。在这种情况下，通过使以货币计的普通简单劳动的工资保持恒定的方式来调节货币价值。事实上这是亚当·斯密——李嘉图思想的延续，后来又被卡尔·马克思所用，即劳动本身是衡量一切交换价值的尺度。按照李嘉图的说法，恒定数量的劳动所生产的一些商品应当一直具有相同的价值，即便它实际上因劳动生产率的提高而增加了也是这样。如果劳动者的工资，即劳动的货币价格保持不变，那么我们可以说价值的真正内在要素，即那个本质上始终相同并且对于我们具有相同的个人意义的要素，保持不变。这个观点的片面性几乎不需要证明：劳动只是多个生产要素之一，因此只是价值的多个来源中的一个。即使它是正确的，我们又能从中得出什么实际结论呢？能坚持说一个实际上借了一定数量商品的人在应当归还的时候，比方说10年后，依法必须还双倍的数量，因为在这10年里他的劳动产出变成了原来的两倍？换句话说，如果商品价格保持不变，而同时劳动力的工资增加了一倍，那他应该在利息之外必须支付双倍的钱吗？这里可能有一些公正的成分，但绝不是完全的公正，因为从变化中收获整个收益的将是债权人，而现在是债务人。

此外，这样的一个体系在实际中几乎是没有可行性的。不但各种劳动相互之间处于持续不断的变化关系之中，而且同一种工作的实际工资和货币工资在不同的国家实际上是不同的，甚至在一个国家内的不同地点也不尽相同。如果我们不理会这一点，而是努力地在各个不同的地方施行相同的货币工资，那只能使商品的价格差别更大，并且不通过关税是无法将其实现的，因为在两个互免关税的国家中一个同样的商品应该有不同的价格是荒谬的。另一方面，工资应当对平均物价水平施加一定的影响是无可争辩的，因为直接的消费性服务，比如家政劳动，在消费中与其他必需品发挥相同的作用。但这却完全是另一回事。实际上，所有这些关于相对于劳动的一个稳定货币价值的可取之处的说法，只不过是金本位制论者在找不到更好理由的情况下力图回避复本位制论者的反对意见的争辩而已，复本位制论者的反对意见认为限制银的铸币会造成（到19世纪的中期，这时已经增加了的黄金产量开始发挥作用，实际上它确实造成了）商品价格的下降，也就是通常意义上的货币稳定性缺失；而工资当然没有下降，它反而提高了。

从目前独立、客观的角度上来看,在这段时期内实际工资增加、尽管商品价格下降但货币工资却基本保持不变的特殊情况,也被作为对立的观点提了出来。因为有人说,作为主要考虑因素,货币价值从对人力劳动的购买力的意义上来说,保持不变。

正如埃奇沃思所强调的,对货币价值唯一真正科学的衡量尺度是其间接边际效用,即如果我们在一段时期内的收入(例如周工资或日工资)增加了一个货币单位的数量,比如说一先令,我们能够得到的福祉上的增加。不幸的是这个量对于两个不同的人总是不同的,而对于属于不同收入阶层的人来说就更加不同。因此这样的一个衡量尺度对于现实中的货币价值调节是没有用处的。但是毋庸置疑的是大多数人在思考货币的交换价值是上升了还是下降了的时候所想的都是它。

2. 平均物价水平及其度量

让我们把这些推测扔到一边,只考虑通常意义上的即对商品和服务而言的,稳定的货币购买力所需要的条件。在解决这个问题时,我们将遇到同样巨大的困难,其中的一些困难是难以逾越的。如果所有东西的价格都升高(或降低)了相同的比例,那么我们或许可以断定货币的购买力也下降(或上升)了相同的比例。情况确实会如此,至少大致上是这样,例如,如果整个社会生产力的其他方面保持不变,但是高产量金矿区的发现使得它的所有者每年都可以比以往运出更多数量的黄金——始终假定货币价值上的变化没有引起其他商品相对价格的任何变化,这在某种程度上就是这种情况。然而，实际上，商品的内在交换价值会反复地发生变化，这种变化将通过货币价格的波动直接表现出来。因此如果我们在两个时间点上进行比较，各种商品价格的上涨程度或许有很大不同，可能其中一些商品的价格上涨了，而其他商品的价格下降了。在这种情况下我们如何来确定货币的购买力事实上是下降了还是上升了，或者以何种程度下降或上升了呢？这是构成价格统计基础的最重要的问题之一。在通过所谓的物价指数来计算平均价格水平以解决这一问题方面，已经有了一些尝试。当然不可能简单地对任意时刻的商品报价进行平均，因为这些价格涉及各种完全不同的数量，对一种商品是 1 公斤，对另一种商品是 1 吨，而再一种可能是 1 格令（英美制最小重量单位，相当于 0.0648 克——译者注）。有时候数量是以重量来计量，而有时候则是以件数来计量。由于这个原因，通常采用从一个日期到另外一个日期之间这些价格百分比变化的平均值。在特定的时间一个单位的价格用同样的数字来表示，例如 100，而在所有其他时间的相应价格通常略高于或低于 100，它们被称为各种不同商品的物价指数，它表示在这期间其价格上涨或者下降的百分比。所有这些指数的平均值（通常是算术平均值）被称为总指数。于是它与 100 的偏离则表示一般价格水平的变化。如果这个数字与 100 相同或者很接近，则一般价格水平不会发生变化并且货币将保持它对于商品的平均购买力，不过个体商品的价格在这一时期内可能已经发生了变化。

很容易就能看出这种方法也不是很完善的；它没有考虑到在一般经济活动中一些商品具有很大的重要性而其他一些商品的重

要性极小这一实际情况。被大量消费的商品价格提高10%，例如谷物、肉类、棉花、皮革、煤炭、木材、铁，等等，并不能被一些染料或者香辛料的价格下降所抵消。不足还表现为在某些情况下，该方法可能带来绝对矛盾的结果。例如，假定我们只涉及两种商品，咖啡和糖，其中之一的价格在某段时间内增加了一倍，而另外一个在同一段时间内价格下跌到了原来价格的一半。此外，我们把这段时间内的第一年作为我们的起始点，这时两种商品在这一年的价格都用100来表示，其平均值，即算术平均数，当然也还是100。在这一时期的最后一年，假定是咖啡的价格增长了一倍，那么咖啡的指数将为200，而相应的糖的指数将是50。两个数字的算术平均数是125，这表示咖啡和糖的价格，在合并考虑之下，上升了25%，或者说货币就这两种商品的平均购买力下降了20%，这两种说法是一回事。

但是我们可以同样地用该时期的最后一年作为我们的始点。那样的话我们会用100来表示那一年的商品价格，而对于该时期的第一年咖啡的指数会是50，糖的指数则为200，且它们的总指数，即两个数字的算术平均值，是125。这一数字清楚地表示出两种商品合并考虑之下价格下跌了20%，所以货币就这两种商品的购买力上升了25%。

我认为英国人斯坦利·杰文斯是第一个指出了这个矛盾的人，他建议为了避免这一问题，应该采用指数的几何平均数，而不是算术平均数，那样的话结果就会是相同的，不论基准年是第一年还是最后一年。在当前的例子中，几何平均值是两个指数100的乘积的平方根，计算后它却显示两种商品的平均价格根本没有发生变化。这几乎谈不上是方法上的改进；该错误实际上并不在于选择了这样的算术平均值，而是在于如果不把商品被消费的实际数量考虑在内，那么任何平均值计算必然是没有意义的。如果在上面的例子中我们替换上具体的条件，它会表明在该期间的第一年，比如说1900年，一定数量的咖啡，比如说1公斤，价格是100欧尔（译者注：货币单位，100欧尔＝1丹麦克朗），而一定数量的糖，比如说1公斤，价格也是100欧尔，则两者共计200欧尔。晚些时候，比如说1910年，1公斤咖啡的价格是200欧尔，而糖的价格跌到了50欧尔。这样1公斤咖啡和1公斤糖合计起来的价格是250欧尔，如果我们假设该国当时的总消费量，比如说是该数量的一千万倍，那么毋庸置疑在1910年该国在咖啡和糖上的花费要比早些时候（1900年）多出25%。另一方面，如果我们想把后期的咖啡或者糖的价格设定在100欧尔，没有什么可以阻止我们这样做，但是在这种情况下咖啡的数量单位将是$\frac{1}{2}$公斤，而糖的数量单位是2公斤，这样尽管$\frac{1}{2}$公斤咖啡＋2公斤糖的组合（或者这些数量的数百万倍）价格下跌了，而1公斤咖啡＋1公斤糖的组合价格上涨了，它们也不矛盾。而选择几何平均值的方法排除了对计算给出具体含义的可能性，因而尽管在形式上摆脱了矛盾，却在实际上产生了毫无意义的结果。

唯一正确的做法无疑是把消费的数量包括在计算中，或者，用专业术语来讲，遵循价格的加权平均值。对这种做法已经有了一些尝试并取得了一些成功（由 Palgrave 及其他的一些人），尽管它涉及目前商业统计状况中的各种困难。在通常所发表的指数中，诸如 The Economist 和英国统计学家 Sauerbeck 所发表的，以及由 Soetbeer 在德国开始并在 Conrad 的 Jahrbücher 中延续了的那些指数，尝试了一些通过把最重要的那些商品的各种数量或者等级包括在内的方法以满足这种要求，以至于实际上它们在计算中被计算了几次。

然而，在进行比较的时间内各种不同商品的消费一旦发生了明显的*相对变化*——也就是未以相同的比例增加或减少，该方法就进入了迷途，甚至在其最符合要求的理论形态中也是如此。事实上几乎总是这样，而这本身是商品相对价格或交换价值变化的结果。人们已经做了各种努力试图去弥补这种缺陷。特别是很热门的、表面上非常复杂、而实际上却相当简单的，由德国经济学家 J. Lehr 所提出的方法（所谓的单位消费计算）[①]。但是无论是他的尝试还是所有其他的类似尝试都不值得我们去特别关注，因为该问题的真正解决在现在和将来都仍然是不可能的，如果我们做出某种商品已经完全被另一种商品所取代的极端假设，例如用于面包的黑麦和燕麦被小麦所取代、木头作为燃料被煤炭所取代以及木材作为建筑材料被砖和钢材所取代、油被石蜡或煤气所取代，等等，那么就可以非常容易地看出这一点。在这种情况下不管要建立什么样的比较，我们都必须首先了解这样的两种替代商品在何种程度上可以满足同一个人类需要，即它们各自的营养价值、热量、拉伸力量和耐久性、亮度，等等，还有更多的在消费中也很重要

---

① 参见我的作品 *Geldzins und Güterpreise*，第 10 页。

的辅助性质，比如更好的味道、更加便于使用，等等①。

实践中最简单而且如果可以实现的话将是完全令人满意的方法是下面的这一个。如果在两个不同的时间点，我们知道一个国家或者全世界生产和消费的所有种类的商品的数量，那么我们可以在其中的一个时间点记录这些数量，并首先将它们分别乘以相同时间点下当时的价格，然后再乘以在另一个时间点的时价。这样所得到的总数一方面清楚地表示了所花费的货币数量，或者，如果所生产和消费了的商品数量相同的话，则至少在价值上与在这两个时间点的那些商品相一致。这两笔款项之间的关系毫无疑问地构成了一种在该期间内价格上升和下降的度量，而且如果实际上的消费没有变化或者仅仅发生了完全成比例的增加或减少的话，它将会构成一个精确的度量。如果我们用 $m_1, m_2, m_3, \cdots$ 来表示所消费商品的数量，会得到等式：

$$m_1 p_1 + m_2 p_2 + m_3 p_3 + \cdots : (m_1 p_{11} + m_2 p_{22} + m_2 p_{33} + \cdots)$$
$$= 100 : (100 + x)$$

式中 x 的值表示增加的平均百分比，或者，如果 x 是负值，则表示在两个时间点之间下降的平均百分比。

然后可以对后一个日期所涉及商品的数量执行同样的步骤。如果我们把这些数量叫做 m_{11}, m_{22}, m_{33}，等等，我们会得到下面的等式：

$$m_{11} p_1 + m_{22} p_2 + m_{33} p_3 + \cdots : (m_{11} p_{11} + m_{22} p_{22} + m_{33} p_{33} + \cdots)$$
$$= 100 : (100 + y)$$

---

① 参见上一节中的结论。

第四章 货币的交换价值

这样所获得的 y 的值显而易见地构成了一个正确的,且本身可信的对价格在过去的上升和下降的度量。那么如果这两个计算产生了相同或者近似相同的结果(如果这两个被选取的时间点间隔不是特别长,这种情况经常发生),x 将与 y 相等,而且我们完全可以认为这个相同的结果是肯定正确的。另一方面,如果 x 和 y 的值不相同,那么我们应当将其理解为一般价格水平在一种意义上来说升高了,而在另一种意义上来说降低了,或者在一个方面比另一个方面上升得更多。出于实用的目的,我们可以取这两个不同数值的平均值,但是它仅仅具有常规显著性。从道理上来讲,不可能再进一步了。

但只要我们清楚地认识到要用总指数来给出答案这一问题的本质,这就没有什么好奇怪的了。实际上我们想得到的是这样的一个价格平均值:如果它保持稳定的话,不管商品价格相对变化有多大,对社会都具有不变的经济意义。但这样的平均值是不存在的,或者更确切地说,计算这样的一个数字需要完全不同的知识,以及比不同日期的消耗量和价格更基础的数据。很显然它的含义对于不同的个人和社会阶层是不会相同的;这是属于所有平均值的缺陷而且是无法避免的。

所有这种统计都固有的另外一个难题是一般来说哪种商品或者效用应该被包括在这种计算中:是否只包括制成消费品,还是也包括原材料;是否只是严格意义上的商品,还是也包括耐用品服务,比如房屋租赁,特别是工资水平是否应该参与这样的计算。几乎没有办法对这个问题给出一个完整的答案。如果人们只想知道"生活费用"在多大程度上变得更昂贵或者便宜了,那么最明显的是要把所有能够直接消费的物质的、非物质的商品都包括在内,并且仅包括这些:因而只有能够直接影响被直接消费的个人服务价格的工资被包括进来。如果从其他的角度来考虑这个问题则会大不相同。在一个主要产品由原材料构成并把这些原材料运往国外以换取制成商品的国家,前者(原材料)的价格与所有制成品的合并价格起着同样重要的作用。再或者,就像一些作者所做的那样,只考虑世界贸易中的主要大宗商品,因为只有这些价格在商业生活中是头等重要的,但这似乎有些片面:对价格水平感兴趣的并不仅仅是狭义上的商人。

最常见的指数,譬如 *The Economist* 上的那些,还有另外一个缺陷;它们只是取了在港口关栈中的价格,即不含关税或税金的商品价格,然而消费者必须要为商品支付附加的关税、其他税款,以及在国内的运输费用。但是,举例来说,如果在其他条件都相同的情况下,一些国家征收高额进口税,那么,至少从货币数量理论的观点来看,是否免税对最终所消费商品的平均价格不会造成区别,因为货币的数量以及交易量仍旧是相同的。于是结果似乎是仍然处于关栈中的商品的价格下跌,尽管事实上它们并不会变得更便宜。必须要问一个问题:70年代末在多数欧洲国家开始的这种保护性关税的大幅增加是否正是众所周知的从那时开始的大宗商品价格下降的原因之一。然而应该看到,在价格上的这一变化只是表面上的,并且除去关税之外的商品相对交换价值保持不变。所以不应该把它与大国在有的时候通过对进口商品征收进口税的方式在价格上施加的真正压力相混淆。

同样,如果关税保持不变,国际商品交易的增加也会具有相同的效力。为了简单起见,让我们假定两个国家相互对彼此的产品征收等同于产品原始价值的关税,其中一国(或者两国都)从另一国进口其$\frac{1}{10}$的消费品。如果货币价值没有变化,那么(总是假定那个现在缴纳关税的商品生产商对它的利润小于那些其产品在这个国家内生产并被在这个国家内消费因而不需要支付关税的生产商感到不满意),那么结果将是所有在这个国家内生产的产品和那些在这个国家关栈中尚未支付关税的产品的价格将下跌10%,而那些理应完税商品的价格将上升90%;因为只有这样国内物价水平才可能保持不变。如果进口税不变,进口量增加到该国总消费量的$\frac{2}{10}$,那么结果一定是所有国内商品以及不需要缴纳关税的外国商品的价格再下降10%,从而按照上述方法计算出的指数也下降10%。

虽然这个例子很不真实,并且对于很多重要的因素都没有考虑,不过它说明被广泛讨论的1878年至1893年期间(或者1873-1895年期间)的价格下跌在某种程度上只是表面现象,而其随后的上涨很可能比指数所显示的大。这也解释了为什么采用以实际支付的市场价格为基础的指数的计算显示出,实行贸易保护主义的国家比实行自由贸易的国家有更大幅度的上升。在我看来,国际商品交易的任何大幅增加都必定会有上面所指出的后果。

但是从认识到所有的这些缺陷到摒弃所有关于度量货币购买力变化的尝试是很大的一步,因为这会涉及更决然地摒弃稳定这种购买力的全部努力。某些变化,比如那些由在其他方面不变的经济条件下贵金属的连续、大规模生产所引起的变化,相反则太过明显而不会被任何人忽视或者存在普遍的争议。此外，一定不要忘记当前作为指数基础的编制价格统计数据的方法肯定还可以在很大程度上进行改善，这些改善一定会对任何调节货币价值的实践尝试大有益处；现在在这些计算大体上还停留在理论兴趣的阶段。已经在英国和其他一些地方发布的价格统计数字当然绝非是没有价值的；对于包含了不同类别商品的统计而言，它们彼此的一致性很高，远高于人们的预期。并且 Palgrave 和其他的一些人对现有指数所做的以生产和消费的商品数量作为指数基础的修正努力也已经表明在这方面只涉及细节上的修改，而不是对先前计算价格水平总体方法的根本重建。平均值的计算必然总是附带上一些人为因素是不可避免的，特别是在它们要同时适用于所有国家的时候。但是就将价格统计数据作为货币价值调节的基础而言，除非我们想要牺牲当前体系的最重要优势，否则就有必要有一个全世界共同的价值尺度。另外，没有什么事情能够阻止每个国家编制自己的价格统计数据、并且用一个总指数恰当地表达其价格水平，这个总指数对于一系列国内问题，比如工资、税收等，都有极大的用处。为了评估货币价值上的一般性波动并且建立最终调节它的首要条件，就有必要根据各个国家的总指数，以一个大家都接受的准则逐年编制世界范围的或者通用的指数。

但是即使有了对货币价值及其波动的一个如此完美的度量，这个问题也仅仅被解决了一半，而且是理论上比较容易的那一半。关于这些变化的原因及其预防措施的难题仍然存在。

3. 货币价值的不同理论：数量理论

唯一一个针对货币价值的理论，并且可能是唯一的一个可以被冠以具有真正科学重要性的理论，是数量理论，根据这个理论，货币的价值或者购买力与其数量成反比，所以在其他条件不变的情况下，货币数量的增加或者减少会导致其对于其他商品的购买力成比例地减少或者增加，并因而导致所有商品价格的相应上涨或下跌。所有其他的理论（这样的理论数量并不多）实际上都不过是一般价值理论在货币上应用的归纳；因此，就这一程度而言，即使它们是站得住脚的，它们也不能被称之为是*专门*理论。

然而，由于对所有商品来说本身供给的增加都常常导致其交换价值的下降，所以就这点而论，数量理论并没有什么不寻常的，在货币方面也没有什么特殊内容。数量理论独特性在于货币的数量和商品价格之间所要求的比例性。尽管在其他商品的情况下，供给减少可能使商品的交换价值按照不同的需求弹性，时而产生一个剧烈的波动，时而产生轻微的、几乎不可察觉的波动，然而只有在涉及货币的情况时这两个因素才始终处于这种简单的相互关系。把供给作为我们曲线的横坐标，并把它们对于其他商品交换价值的平均值作为纵坐标。那么在需求稳定的前提下，对于一般商品，这条曲线有时候会向着 x 轴缓慢下降，有时候会向着 x 轴快速下降，而该曲线的其余部分则一般说来只能按假想的来表示。而对于货币，我们应该得到一条确定的数学曲线，一条形式为向两轴渐近的直角双曲线。

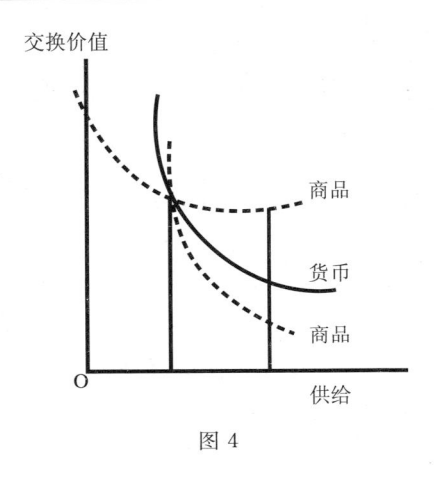

图中标注：交换价值、商品、货币、商品、供给、O

图 4

正是在这里我们发现了货币的纯粹形式特性，其执行单一社会功能的特性，即交换媒介和价值储藏手段的功能：因为我们可以把这两个概念视为同一个功能的两个不同方面。货币显然只在其具有交换价值的意义上履行这个功能，并且由于一般性的经济原理无疑倾向于对每个经济因素都实现最大可能的运用和效率，所以我们必须假定（至少是出于数量理论的目的）货币数量过小所带来的麻烦会逐渐地通过货币获得相对更高的购买力而像是自动的一样被克服，而货币数量过大所带来的麻烦则以同样的方式通过货币价值的相应下降而被中和掉，因为一部分货币会闲置在个人手中。

当然，我们不能认为货币数量的突然增加或者减少会立即引起商品价格同样程度的上涨或者下跌。首先后者的高低想必依然和以前一样，并且整个变化将以货币流通速度的减缓或者加快而引人注意，也可以说是以个人平均现金持有量的增加或者减少而变得显而易见。持有量过度或者不足只能逐渐地引起对商品需求的增加（和供给的减少），反之亦然。

同样清楚的是该理论在其纯形式上只能应用于货币本身，而且（如果只使用金属货币或者仅把金属货币视为货币）仅仅只适用于铸币金属。然而，在自由铸币的情况下，铸币金属和未铸币金属之间的界限是非常模糊并且变化无常的。因而人们很容易把这个理论应用于现有的全部黄金存量。但是假如那样的话就必须对其进行某种程度的变更，因为黄金有两种功能，一种是用作货币，另一种是用作工业的原料：即使满足了对于数量理论正确性的全部假设，我们的曲线还是会或多或少地与一个简单的双曲线形式有所偏离，因为迄今为止在黄金的工业需求与黄金价值的相关性及其对可用于铸币用途的黄金数量的影响方面，已经研究出的规律还很少。

当然，在现实中建立这个理论所要求的精确数学关系的可能性极其微小。因此数量理论的支持者和反对者们都满足于坚持或者否认货币相对数量的增加或者减少会引起商品价格水平的相应变化以及货币价值的反向变化。这看起来可能很奇怪，即使是以其改进后的形式，这个理论也处于争议之中，因为它毕竟只是陈述了对所有其他商品都适用的事情，即商品本身供给的增加或者减少能够产生随之而来的价格下跌或者上涨。然而，供给与需求的概念对于货币还没有直接应用，那些认为流通速度或者信用手段是货币的替代品、能够按照对流通手段的需求自动调节的人，必定*自始*就会自然且顺理成章地否定数量理论的结论。很容易就可以看出，全部的争论最终都是针对最后这一点：对于货币体系来说，货币流通速度是有自主重要性，还是仅仅有从属重要性；因为货币的数量乘以流通速度（后者以该术语的广义意义用在此处）一定总是与在一定的时间段内变换为货币的商品和服务的总价值相符，这根本不是一个理论学说，这是一个公理。

通常认为数量理论的提出者是生活在16世纪的意大利作家Davanzatti。但是该理论通过洛克（Locke）和休谟（Hume）的作品开始广为人知。从后者开始，它被古典经济学家所接受。但是其实可能在古代世界就能追溯到它的踪迹；至少当人们开始观察到（就像在罗马帝国中必定已经被经常做了的那样）专门为国家铸造的货币可以在很长时期内保持比其所含的金属高出很多的价值、但在铸造数量过大的时候价值却下跌时，这粒种子就已经被播下了。在近代，数量理论更多的是为了反对重商理论而出现的，该理论把货币本身看作是财富的实质而非仅仅是其外在表现形式，而这必然地归因于其独立于交换功能之外的内在价值。与此正相反的观点是货币就其本身而言没有价值；它只有在充当交换媒介时才获得全部价值，且其刚好获得满足发挥这种功能所必需的价值。数量理论就这样以其成熟的形式出现了。

对这个理论进行实证检验的困难在于，正如同所有经济原则一样，它的那些构成要素脱离具体实际。事实上，货币数量的增加（或者有时发生的数量减少）总是与很多倾向于抵消或者掩盖其对价格水平及货币价值影响的其他经济变化同时发生。技术进步带来人口增长和生产扩大，所以年消费商品数量的增加不是等于而是大于人口增长的程度。由于国内和国际的劳动分工以及由此而

第四章　货币的交换价值

产生的从实物交易和实物支付向基于交换和货币工资的商业活动的转换，交易额可能比产量的增长程度更高。所有的这些因素带来了这样的结果，即当货币数量的绝对增长可能伴随的是交易额的相对数量保持不变甚至减少，并且随后价格水平下降，而不是上升。

卡塞尔（Cassel）教授在其发表于 *Ekonomisk Tidskrift*（1904年，113页）上的一篇文章中，考虑到这个情况，他做了一个将19世纪的黄金供给与商品价格进行对比的有趣尝试。然而，正如 F. Brock 公正地指出了的，即便在当时全世界的商业货币主要是由银所构成的情况下，他也没有将其评论扩展至银的数量变化，这使该尝试逊色了不少。

另一方面，商业进步也在相反的方向起作用，提高实际或虚拟的流通速度，通过信用的使用实现现存货币更加密集的使用，结果把数量理论说所要求和假定的交换媒介的效率最大化提高到了一个更高的水平。如果同样的目的可以通过对较小数量货币更为频繁地使用或者提高其流通速度来实现，那么就不一定需要相对较小的货币数量为了履行和较大的货币数量相同的作为交换媒介及现金持有的功能而成比例地增加交换价值。

虽然完全不符合逻辑，但是把这些情况或者它们的实际效应引证作为反对数量理论的决定性论据是非常普遍的，而这几乎就如同把气球的上升运动说成是证明了万有引力定律的一般有效性是错误的一样不合逻辑。如果我们只是想说由于所有的这些干扰因素，数量理论不能在我们考虑当代货币体系时提供任何实践指导，那我们可能是对的（尽管过去几十年的经验无可辩驳地证明了不是这样），但是要完全地否定它则需要更多的一些东西，我们必须得证明要么保持其所基于的那些假定是不可能的，要么其逻辑结构是不可接受的。

4. 生产费用理论

然而，满足于这种完全否定或者悬而不决的判断是不够的。以数量理论被经验驳倒为借口，一些人尝试提出了其他的解释，但是所有的这些解释都有一个缺陷，那就是他们忽略了货币所特有的情况，并且基本上都只是试图把适宜于一般商品的经济规律应用到一个本质上不能应用它们的领域。由于放弃了货币具有内在价值的幼稚想法，所以就必须要去在货币之外的什么东西上发掘这种价值，而依照古典学派的理论，它应该在货币的生产费用也就是贵金属相对于其他商品的生产费用中被找到。与生产一定数量的其他商品相比，生产一定量的黄金所需要的努力和损失越少，则用于交换一个单位的这些其他商品的黄金数量就一定越大。也就是说，它们的价格上升而黄金的交换价值下降。这就是所谓的生产费用理论，或者，用更确切的表达来说，叫作货币价值比较成本理论，这是一个被西尼尔（Senior）带到了很高理论完善程度的理论。西尼尔主张在那些不大量生产银和黄金的国家中，采购的成本，即不是金属本身的生产和运输费用而是那些被用于交换所需数量的贵金属的商品的生产和运输费用，与在金银矿中的实际生产费用起同样的作用。这样，他发现了对于这个现实情况的自然解释（在通信还不发达的那个时期，这是非常显著的）：即在内陆地区的商品价格通常比沿海地区低得多。在德国人们过去经常谈到"泰勒"国家〔泰勒（thaler）为德国的旧银币名——译者注〕和"基尔德"国家〔基尔德（gulden）为荷兰货币——译者注〕，前者指德国北部，后者指德国南部和奥地利，所指的意思是尽管泰勒的银含量比基尔德高出 50% 到 100%，但是泰勒在前者地区的购买力并不像基尔德在后者地区那样大。即使到今天我们在世界上那些还没有通铁路的地方还会遇到同样的现象。德国在非洲的内陆殖民地区，据说直到 1915 年工资也不过是一天几个芬尼（译者注：德国辅货单位，1 马克的百分之一），这一定是与一个工人甚至是其家庭一天的日常供给费用相对应的。

著名的教科书作者 Ch. Gide 在讲到黄金运输的低费用使得一克黄金在任何地方对商品几乎都具有相同的购买力时，他完全忽略了这一点。这当然是一个错误的推理：不发运用于支付的商品而获得黄金是不可能的，而这些商品的运输费用通常要大得多，而这才是重要的。

正如我们很快就会看到的，贵金属的生产费用和货币的价值之间存在直接的联系或者完全对应是毫无疑问的。西尼尔也承认这一点，并提供了在价格没有显著变化的情况下贵金属的生产变得很困难甚至变得不可能的突出例子，这种情况显然是由于这种生产，特别是在早期，占货币及贵金属总存量的比例极其微小的缘故。与西尼尔相反，把古典价值理论带到了困境并且达到了荒谬地步的卡尔·马克思及其学派，坚持认为生产费用理论是货币价值的一个简单而切实的解释，并以此来反对数量理论，马克思把数量理论称为是一种错误观念，是基于"没有价格的商品和没有价值的货币进行流通的过程，由于这个原因一份谷物随后兑换一份金属的枯燥乏味的假说"。但是即使是从生产费用理论的角度也不难表明商品"进入流通过程却没有价格，而货币（即黄金）没有价值"，以及它们恰恰是通过这个流通过程而获得它们的相对交换价值。卡尔·马克思自己也不得不承认如果劳动没有生产出任何有用的东西或者超出了社会必要劳动时间的数量，那么劳动未被充分利用并且不能计算进来。我们只要对该论证延伸一步就可以认识到，劳动，或者更精确地说是结合在一起的各种生产力，会正好以其产品的市场价值得到回报；换句话说就是生产费用与价格相互控制。因此，如果生产的黄金多于市价下流通过程可以吸收的数量，那么黄金的价值会下降并且黄金的生产者们将不得不满足于较少的收入（换言之就是黄金的生产费用降低了），除非他们宁愿丢弃自己的工作。

此外，就金矿这样的采掘业来说，对于所投入的劳动量和资金而言的生产费用，不同地区的结果有很大的不同，这是因为金矿或者河床的黄金贫富程度不同，这也是黄金生产是否赚钱的条件。也有一些尝试通过用"生产的边际成本"，即在那些最不赚钱的金矿或采金区里生产一定量的黄金、在支付完工资和可能的资金利息后毫无利润可言的生产成本，替代"生产费用"一词来对该理论进行改进。但是这个边际成本本身就是极富变化的；由于对铸币的需求增加等情况带来的黄金价值的上升或者生产技术的改进，可能会使先前被认为是过于贫乏而无利润的金矿或采金区重新被开采；废矿渣堆会被再处理一遍，等等，换句话说就是生产的边际会被扩展。另一方面，金属价值的下降，比如我们在当代所见到的银在失去通货资格之后的情况，必然会造成劳动力和资金（后者可以被完全释放）从低利润的生产领域被撤出，于是生产的边际将收缩。

所以，总的来说，我们会在贵金属生产条件所引起的现有货币数量的相对增减中发现它们的影响，特别是当今黄金的生产条件对货币价值的影响（这种影响一点也不小，并且从长远来看是最主要的影响），到目前为止，更加简便的黄金生产倾向于以一个比对流通媒介不断增加的需求更快的速度增加现有的货币数量，而黄金生产难度增大往往会减缓黄金供给的增加速度。因此，生产费用理论恰好被证明是数量理论的一个要素。但仅仅是一个要素。因为即使是在最有利的情况下，黄金的年产量也只能把金币的存量增加几个百分点，产量的变化只能是逐步的，而且通常是很缓慢的发挥影响，然而由于技术进步或者更多情况下由一个或多个国家向金本位制的转变所引起的产量增加和商品流通加快，有时候可以把对交换媒介的需求增加到一个更高的程度。而且对银行中可用黄金存量更为频繁地使用，不论是通过银行券、支票、汇票、往来账户，还是通过信用与银行业的总体发展，可以使交换媒介产生比同期黄金生产更大的增长；另一方面它可以长期地抵消黄金减产的影响。如果不是这样的话，就无法解释经常发生在商业繁荣时期的商品价格上涨以及商业危机时期更剧烈的下跌了。

然而，后一种情况（数量理论被指责忽视了的货币的实际和虚拟流通速度，不过这种指责是错误的）却无法归入生产费用理论，而且事实上在其一贯支持者那里受到了冷遇。对于马克思来说货币的流通速度不过是一个自动的过程，在这个过程中现有的货币供应总是与特定商品价格水平下对流通量的需求自发地达到均衡，同时价格水平本身由商品生产和黄金生产的比较成本决定。他以确切地说是不科学的、但很生动的语言评论道"一枚钱币，可以这样说，对另一枚钱币负责；如果它提高其流通速度，它就严重地削弱了另外一个的流通速度，抑或使它从流通范围内完全消失"，因为后者在当前的价格下只能吸纳一定数量的黄金。为了证明这一点，他说道："所要做的只是把一定数量的一英镑银行券投到流通之中以便赶出同等数量的金币——这是每个银行都熟知的伎俩。"

这一言辞非常含糊。我们不需要去争辩在一定程度上货币的流通速度有时候可以自动加快或减慢，但是那种认为这总是会发生在所期望的程度上的想法导致了荒谬的结果，因为它预先假定商人和银行家会很顺从地看着其保险箱在黄金富裕时盆满钵盈，而在黄金稀缺时又入不敷出甚至可能一无所剩，而不去采取任何措施将其恢复到正常的情况。至于被逐出流通的货币，虽然马克思不可能设想它被存在了保险箱中，但他完全忘记了去告诉我们它被逐到哪里去了。

至于银行"把一定数量的一英镑银行券投到流通之中以便赶出同等数量的金币（或金属货币）"的"众所周知的伎俩"，我们一定要仔细地区分两种不同的观点。如果出于某种原因，银行想要加强其黄金储备，那么当然发行小面额银行券是达到这种目的的一个有效手段，例如像前面已经说过的，德国国家银行在先前唯一发行的100马克银行券之外再发行20马克的银行券。公众像接受金属货币一样，甚至更加愿意接受这些纸币，且银行此时可以把从日常债务支付或存款中所得到的黄金保存起来,而另一方面它们对贴现票据或者其他贷款付出银行券。然而,所有这一切都与我们目前的问题无关,因为整个过程只不过是一种交换媒介对另外一种交换媒介的替代。

增发行银行券,特别是小面额的银行券,容易把金属货币逐出流通,这一点是很肯定的,这不是因为无法吸纳更多的货币,而是由于流通工具供给的增加会引起价格上涨,以至于贸易差额变为逆差并且金属货币流出该国家——这一切与数量理论完全一致,但却与马克思想要证明的相抵触。这里我假定银行券是作为延展信用或低息贷款的结果、由银行以贷款的方式发行的,因为如果银行限制自己把银行券兑换成黄金,以便黄金聚集在它们自己手中的话,那么它们的"伎俩"将只会给它们带来损失,因为它们必须自己供给和维持银行券流通。

当然,当生产费用理论解释纯粹常规货币的交换价值时,比如代币、限制铸造的本位货币、不可兑换银行券等等,则更加明显地存在缺陷。那些不惜任何代价主张货币的"固有"价值以它的金属含量或者生产费用为其交换价值基础的人,在这种情况下不得不提出最反常和荒诞的解释。一会儿它是实际金属货币的象征,在它们被宣布为法定货币之前银行券曾经是可以兑换成它们的,公众依然记着这一点,因而在一定程度上它们保持了银行券的价值;另一会儿它是银行券未来可以兑换成金属的希望。人们在下面的事实中寻求对后一种观点的支持,即在未来某个日期恢复银行券可兑换的空洞通告,以及像引起政府信心增强的政治和军事胜利这样的外部环境,这些足以赋予银行券相当高的价值并降低兑换金属货币的贴现率,尽管银行券仍以与先前一样大的规模继续流通,并因而按照数量理论保持其价值不变。

在美国南北战争期间必须要宣布美元钞票不可兑换,于是美元的价值下跌了,所以在1863年至1864年期间,虽然钞票的发行数量只增加了16%,黄金溢价却上升了40%。在盖茨堡战役期间黄金的溢价上升到了45%,但是由于这场战斗的胜利以及威克斯堡战役,几天后它就跌回到了23.5%(Laughlin)。

然而,事实上在这样的情况下,银行券其实不再以与先前相同的数量流通了,至少不再以相同的流通速度进行流通了。人们对于银行券在不久的将来就可以按其面值进行兑换的希望对银行券的影响与提高用于支付款项的国内票据贴现率对长期汇票的影响方式是相同的:它们从支付工具转变(部分地)成了资本投资。很多人囤积银行券希望从所预期的以票面价值兑换中获利,这种获利可能相当于较高的利率。这样平均流通速度放缓了,因此在任一特定时间内处于实际流通的货币数量也减少了,于是价值的增长完全与数量理论相吻合。而且很可能出于各种原因,它对金属货币在降低对后者的溢价或银行券的贴现率上所起的作用,比在降低完全以银行券计算的商品价格上所起的作用更强,或者至少更快。但我们没有必要进一步去讨论这个问题。

在政治不稳定的时期情况将相反,这时人们会担心银行券发行量增加以及接踵而来的银行券贬值。于是没有人再去囤积银行券,而是每个人都会尽快地去把它们兑换成黄金或者其他实体财富,所以货币的流通会被加速超过正常水平。在一些极端事例中处于这种条件之中的纸币几乎可以失去其全部价值(就像在法国大革命时代发行的纸币所发生的情况），甚至达到在各种生意中开始使用外国货币或者恢复到完全以物易物的程度。但是可以很清楚地看出，这与数量理论并没有冲突，因为在这种情况下受纸币贬值的影响，购买量也会相应减少。

*顺带地*也可以注意到，法国*纸币*（流通于 1789 年到 1796 年期间，法国大革命时代发行的可作货币流通的有价证券，但不久即变成无用的废纸——译者注）的历史为银行券或者纸币的融资理论做出了一份很有趣的贡献。为了维持这些*纸币*的价值，当时的政府接受使用它们支付对"国有资产"（没收的教会财产）的购买。如果当时以一个明确的预定价格这样做的话，比如说每英亩一个预定价格，那这个目的肯定能够达到。因为如果那时*纸币*开始贬值，则许多人就会继续持有它们以便日后去做购买国有资产的赚钱生意。这样*纸币*的价值就会几乎维持不变，而允许以纸币支付税金的政府或许就可以在没有损失的情况下把因支付所购之物而流入的*纸币*废除。

然而，实际情况是国有资产被拍卖给了出价最高的竞买人，也就是为了能够得到最大数量的纸币。于是对于纸币大幅贬值的抑制因素（原本存在的为了投机目的而对纸币进行的囤积）显然消除了；由于政府后来收到的用于支付税款的货币已经失去了其价值，所以它发现自己不但不得不把在出售国有资产中所收到的纸币再发行出去，而且还不得不另外再发行很大的数量，这就不可避免地造成了它们很快就变得毫无价值。

5. 现代理论

即使是当今那些自称是治学严谨的作者对这个问题所提出的观点，也还是不如马克思主义学说及其同类的学说更科学。尽管生产费用理论有些片面，但是它至少在对货币有直接影响的事物中找到了货币价值变化的原因。但是在对一般商品价格的现代论证中，屡见不鲜的是把货币视为是一种无定形的、无限弹性的或者可塑的东西，并且可以毫无压力地使自己适应任意价格水平，因而在与价格形成机制的关系中完全处于被动，同时后者仅由与商品本身相关的情况来调节。如果发生一场像人们在1890年以前的30年中所目睹的那种价格的全面和持续下降，至少对于世界价格，参考生产和运输技术的进展足以说明上面的这种看法：商品被更加便宜地生产出来并且运输也更加便宜，因而它们也更廉价。另一方面，如果价格上涨了，就像世界大战即将开始之前的几年那样，那么是更高的生活水平和企业的增加引起了对商品需求的增加，除非我们将这些也归结于是假想的卡特尔或者托拉斯、经纪人的贪婪、工会要求更高的工资等搞乱了物价；要不然就是在进口关税中找原因——虽然在该问题所处的时期并没有发生这种关税的增加。人们已经对把现代信用和银行系统看作是满足无论社会哪个方面对交换媒介需要的手段习惯到了如此的程度，以至于他们不能设想货币在一个方向或者另一个方向上影响价格。数量理论（以及生产费用理论）与实际情况之间很多明显的不一致使得该理论在大多数人的眼中变得不可信了。人们去寻求一些其他的解释并选择了第一个可用的解释。但事实上任何事情都没有得到解释。这个论证包含有不可接受的普遍化；一些仅在涉及相对价格时才有效的论据在未经验证的情况下被应用到了一个它们不再具有任何意义的领域，即以货币表示的商品绝对价格中。容易制造的商品价格会下跌，这在根本上是由于只要劳动和资本可以很容易地从一个生产分支转移到另一个生产分支，那么劳动和资本必定趋于在所有的生产分支中获得相同回报这一明显事实的必然结果。在相对价格对生产费用的依赖性理论中显然没有什么其他的东西。但是如果根本没有考虑生产条件或者其他影响货币的条件的话，那么试图把这个理论应用于具体价格、应用于商品与货币的关系是多么没有意义啊！

从数量理论的观点看来，提高产量会抑制价格是毫无疑问的，除非这还伴随着交换媒介的相应增加，这仅仅是因为无法随心所欲地把货币的流通速度增加到任意程度。如果我们相信这是可能的，那么显而易见没有什么东西能够阻止增加的生产力在整个上升过程中表现出来（在以货币表现的工资、地租、资本利息中），而同时整体价格保持不变甚至上涨。换句话说，某一组商品由于更容易的生产条件所造成的价格相对降低不会使其货币价格产生一个完全相等的下跌，而是会部分地由所有其他商品价格的小幅上涨构成，所以平均价格水平可能保持不变，或者说不管怎样都不会下降。

至于运输费用的下降，人们完全忘记了这是有双重作用的：由于在其他地方的需求增长，在进口国目的地价格下降，而在出口国或者生产国中价格上涨。因此总的来说是价格提高至同一水平，而不是价格下跌。依照西尼尔(Senior)的看法，较低运输价格的另一个后果是非黄金出产国可以用比以前更低的商品成本获得他们所需要的黄金，他的这种看法就现状来说是相当正确的。但是这与黄金的交换价值下降是一回事，即商品价格上涨，而不是下降。在各大洲的内陆以及边远地区，交通的改善确实已经引起了一般价格水平的大幅上涨。由于产量的大幅提高，如果货币的数量保持不变，交通改善所带来的交易和交易额总的来说确实在另一方面造成了价格降低的趋势。但是这再一次把我们带回到了数量理论。

对于其他据称是引起价格上涨的那些原因也是这样。进口关税和消费税无疑会导致被征收了这些税的商品价格更高，但绝非就可以肯定其他商品的价格会保持不变、因而总体价格水平会上升。不管怎样，没有什么东西可以阻止其他商品受到压力并且价格下跌（正如数量理论会引导我们去认为的那样），所以平均价格水平会保持不变，除非存在一些货币方面的原因使其变化。对于关税联盟或者国际贸易的增长对于免税商品价格和最常见指数的影响，读者可以参考本章第 2 节。托拉斯和联盟，乃至中间商无疑都可以通过对一种或另一种商品的垄断来提高其价格，虽然通常来说，依照数量理论，需求会因此而减少。然而，随着托拉斯化的扩大，这个过程会变得非常没有意义，这一点可以很容易地看出来，因为托拉斯更愿意通过降低间接费用来谋求利润，这会导致价格更低，而不是更高。通常来说中间商只与社会劳动分工联系在一起，所以会协助降低这些商品的价格。当然，这个规律有一些例外，就像我们在上卷第一部分第 6 节中所说过的对于零售价格的处理。但是即使中间商过多也不能使价格总水平上升。更可能发生的是相反的情况,因为那样商品会经过更多次的转手,同样数量的货币会产生更多次的交换。

至于工资的增长,李嘉图以及后来的约翰·斯图尔特·穆勒已经清楚地说明了一般的工资增长不可能使相同劳动生产的商品的价格升高。在这一点上,只要指出如果更高薪的劳动使所有的商品更加昂贵,它必定也会使黄金更贵,因为它也是劳动的产物,这就足够了。然而,由于黄金是价格的度量,它本身不能在价格上上涨或者下跌。因此,如果所有其他商品的生产者能够通过其产品更高的价格使他们免受工资增长的损失,而单单黄金生产者不能这样,这必定会引起黄金产量的下降。因而,货币工资的全线增加或者相当于其他两个生产要素——即土地和资本,在产品中份额的下降,而这必定会保持平均的商品价格不变;或者货币工资的总体上涨是由于更简便的黄金生产设施所引起的,在这种情况下的上涨是纯粹名义上的,而且按照数量理论或者生产费用理论,这仅与生产黄金变得更便宜时的商品价格普遍上涨有关。

但是,这并不会避免由于对劳动的(货币)需求增加而引起的工资增长——这可能是古典经济学家所忽视了的一个事实。这种工资增长反过来又引起*已经在市场上的*商品价格上涨并因而确立了一个更高的价格水平,这种高价格水平通过惯性力量甚至将持续到将来。总的说来,即使对劳动的需求增加源自黄金生产的增长,仍是如此。不过另一方面,如果它来自于扩展了的信贷措施,则需要进一步的探究,这一点我们将在后面再回过来进行。

繁荣程度的提高并不一定就引起高价格；相反繁荣所带来的福祉可能表现为在收入不变的情况下，每件东西都更加便宜。以前经常被持有的一种观点（甚至包括像李嘉图这样的作者）——即在一个国家中更高的生活水平总是与高价格水平相结合的观点是一种错觉，它很可能是从英格兰的物价通常高于其他国家（特别是在上个世纪之初）的这个事实上得出并发展来的。然而这是由于当时英格兰几乎不出口大宗原材料，而是大量进口原材料，比如粮食、木材等，但是这种情形如今在很大程度上改变了，英格兰现在出口大量的煤，所以它能够以便宜的运煤返程费用得到他们的很大一部分进口商品。可能就是由于这个原因英格兰大部分人口的福利远远好于一百年前。相比于那些贸易保护主义国家，英格兰的自由贸易也同样对降低其物价起到了作用。大致来讲两个不同的国家中相同商品的价格差别不会超出进口关税和运费很多。在富裕国家中一个必定会提高生活费用的因素是高工资水平和随之而来的全部个人服务和所有需要手工完成的工作的更高价格。但是这并不明显地影响商品价格，或者至少不影响那些进入商业统计的商品价格。

最后，至于企业创业活动的增加可能导致更高价格的说法，这经常是正确的，但只能是在我们已经指出了的以及我们将要在稍后的部分更细致地去检验的那些前提下。本质上"企业精神"的增强，即增加服务于生产的资本使用，只能产生对创建几乎所有固定资本所必需的某些原材料的需求增加，特别是钢和铁、砖、木材，等等，而这些实际上都是在所谓的"繁荣"时期一开始时价格首先上涨的商品①。但是这种价格上涨之后是否会跟随着其他商品的价格上涨或者下跌是无法预先确定的。它取决于货币市场本身是否已经参与了对企业精神的刺激。如果增加的固定资本或者其中一部分所需要的货币来自于当前储蓄的果实,那么对普通消费品的需求会相应地下降,并且这些消费品的价格会相应地下跌。但当所必需的货币资本部分地由先前的"不景气"时期所积累并闲置的金属货币储备提供或者它们产生于展延信用证时,换句话说就是产生于较快的货币流通速度时,情况就大不相同了。

6. 数量理论的缺陷:
对理性理论的一个尝试

在前面的内容中我只是希望指出那种认为在两种事物(商品和货币)之间有本质关联的情况中,就像在具体商品价格的情况中,仅从其中一个所经历的变化的角度就能得到满意解释的想法是很荒唐的,这里所指的就是只针对商品而不去考虑作为另外一个事物的货币。另外也显而易见的是,如果这个观点实际上还没有像现在这样已经不仅在商业术语中,而且也在科学文献中、特别是德语文献中广泛地传播开了,那么对于这个问题进行详述将是无用的。

但是,这个观点在一个方面被证明是合理的并且对于更详细

---

① W. C. Mitchell 所著的 *Business Cycles* 中所给出的美国统计数字似乎不能完全证实这一观点,特别是对于生铁。我目前不想讨论如何解释这种不一致或者是否只是在表面上是这样。

地研究引起价格变化的原因是有用的。一种特定商品在价格上的每次上涨或下跌都意味着该商品的供给与需求之间的平衡失调，不论这个失调是实际上已经发生了的或者仅仅只是预期性的。在这个方面对每种商品单独适用的规律也必然确定无疑地整体适用于全部商品。物价的普遍上涨因而只能理解为总体需求出于某种原因变得或者预期会变得大于供给。这可能听起来似非而是，因为正如 J. B. Say 所说，我们已经使自己习惯于把商品本身看作相互构成并限制彼此的需求。并且确实*最终*它们是这样的；但是在这里我们所关心的恰恰是发生了什么，*首先*，是一种商品和另一种商品最终交换的中间环节，这种交换是通过对用来购买商品的货币的需求和对用来换取货币的商品的供给所构成的。任何名副其实的货币理论都必须能够说明在一定条件下对商品的货币或金钱需求是如何以及为何超过或达不到商品供给的。

数量理论的拥护者可能没有充分地考虑过这一点。他们通常犯了把他们的假设视为理所当然而不是去清晰地证明它们的错误。如果商品价格相对于货币数量成比例的上涨或下跌，则大量货币和少量货币*能够*同样满足流通的目的，这是一件事。而说明为什么这样的价格变化必定总是跟随着货币数量的变化而发生，并且描述发生了什么则是另一件事。这也不是那么容易的，特别是在我们现代极其复杂的货币和信用制度中。不过在下文中我们将会尝试着去做。依照上面所说过的，我们将首先描述金属货币数量相对增加或者减少的可能影响，以及与发行国家纸币或者不可兑换银行券相关联的类似现象。然后我们会去更详细地思考流通速度加快或减慢的条件，以及两者对于货币价值的影响。在这

第四章　货币的交换价值

两点上货币方面的文献虽然很多,但就详细和清晰程度来说都不尽如人意。

休谟(Hume)关于我们在一个清晨醒来后发现自己口袋里的先令和金镑数多了一倍,而任何其他的事情都没有改变的著名故事,可能看起来很合适,但是缺陷在于它不是现实的简化(这是容许的),而是涉及了一个纯粹似非而是的情况,这种情况理所当然地是永远不会发生的。而且很明显,这样的一个偶发事件绝不会造成我们立即开始对所需要的商品或者可以出售的商品付出或报出双倍的价格。现金过多只会逐渐地让我们去做提早进行购买或者把我们的商品保留地比平常更久之类的事。换言之,对商品的需求会被刺激而供给则减少,与此同时商品价格将逐渐上涨,直到它们达到与增加后的货币数量相对应的水平。但是由于整个想法中包含了一个与现实相矛盾的假设,我们或许可以补充说按照数量理论,货币供给增加所带来的价格上涨实际上不是以这种方式达到的。

如果我们考虑黄金产量突然大幅增加对世界价格状况的影响,而在我们这个时代事实上有时候的确发生过影响,事情就变得简单了。例如在一个殖民地内高产金矿或采金区的发现,立即吸引了本来已经比较稀少的人口中的一大部分或许是最大的一部分到采金区,并导致他们放弃了惯常的职业。第一个结果将是不但产出了大量额外的黄金,而且还会造成商品的短缺。现有的存货会热销并很快消耗殆尽,结果将是价格很快地上涨,经常涨到一个不可思议的高价。托马斯·图克(Thomas Tooke)和纽马奇(Newmarch)在他们所著的 *History of Price* 中叙述了在 1848 年至1849年加利福尼亚的淘金潮期间,每个人都不计价格地进行购买,一个鸡蛋要花1美元,一双靴子要花100美元,像鸦片这样的药品零售价卖到了60美分一滴,淘金者用来固定挡在他们小木屋墙上的布带的细铁钉,为了省事,用黄金按其重量来支付。如果这是最终的结果,那么很显然这会遏制黄金的进一步生产,乃至会使生产变得不可能。甚至这种国家中的居民对待散落在该国各处的金块的态度很快就会变得和美洲国家在首次发现黄金时一样的无动于衷。然而这个初始阶段很快就会并入到另一个阶段。有关新发现财富的传闻不仅吸引新的淘金者,而且会吸引商品从四面八方运送过来以便通过高价牟利,其结果是价格很快恢复到正常,并且可能一下子跌到低于正常水平。据作者们所说,早在1851年,成包的贵重商品在加利福尼亚几乎都值不上贮存的费用。过去所发生的事情以及可能继续发生几十年的事情具有某些显著的特点,其中最为重要的特征是下面这些:因为价格下跌是由于商品的大量涌入而引起的,所以黄金生产再次变得非常有利可图,但是由于大多数金矿逐渐变为私人所有,所以它们不再吸引无限量的劳动力,而是或多或少地以同样的规模年复一年地继续生产。大多数商品的价格维持在一个除去运输费用之外略高于非产金国的相应价格水平上,然而高得不多,所以它们在其后所经历的变化中得以保持,稍后我们将说到这些变化。因而该国的贸易差额将是被动的或者逆差,而黄金将继续流出,这种流出是很自然的并且是必要的,因为黄金的产量比该国所需要的交易额要大得多。

与此同时黄金向非产金国的不断流出导致那里的价格持续上涨,但是由于那里地域辽阔、人口众多,这种价格上涨可能在很长

第四章　货币的交换价值

的一段时间内都不是很明显,甚至可能被一些其他的原因所抵消,比如货币本位制的改变或者对黄金需求的增加。通常价格将以下面的方式上涨:商品出口商先前通过出售他们对其外国债务人所开的汇票,或者通过来自国外的对开给外国货物进口商的汇票的汇款而得到了支付的海外债权,现在将部分地以黄金进行支付,而且这部分黄金将成为那些已经掌握在公众手中了的(或存在了银行之中的)用于购买商品的黄金的一个新增部分。如果我们现在回到两种商品的简单示例中,即黄油和咖啡,其进口和出口之间处于平衡状态,即使是在那些最终生产和消费它们的人之间也是平衡的——那么基于这里所做的假定将不会再是这种情况。首先,黄金出产国对商品的需求增加和对商品的供给减少直接或间接地引起我们进口的黄油和咖啡二者的价格都上涨,但是虽然商品价格上涨,进口和出口还是平衡的。反之,如果瑞典原来进口价值四千万克朗的咖啡并出口同样数额的黄油,而现在我们的黄油出口将增加到,比如说四千两百万克朗,我们的咖啡进口将增加到四千一百万克朗,这时候余下的一百万克朗将以黄金的形式进入国内。为了把事情说得更清楚,我们假定在第一年黄油和咖啡的价格都上涨了百分之 $3\frac{3}{4}$,所以增加的黄油出口价值一部分是由出口量的增加所带来的(大约百分之 $1\frac{1}{4}$)。由于同样的原因,尽管购买价格提高了,但咖啡的进口将比以前少(也是百分之 $1\frac{1}{4}$)。总而言之,这必然会发生,因为一部分咖啡的收成现在转到了黄金生产者那里。那么,由于瑞典人口(黄油的生产者)尽管有足够的钱,但对咖啡的需要却不能全部得到满足,他们的需求会立即引起咖啡价格的进一步上涨,当这种价格上涨通过这里的进口代理商和出产国的出口代理商传到咖啡生产者那里时,会在他们中间造成对用于支付进口商品(除了那些由于与这里相同的原因而已经自然出现了的之外)的货币需求的增加。这将直接或者间接地刺激我们的黄油价格进一步上涨,而这反过来又会使咖啡价格上涨,等等,直到由于每一次这样的价格上涨而利润变得越来越低的黄金生产或者停止或者受到限制,直到产量降到恰好能够满足对新出产黄金的正常需求之时。只要黄金出产国对商品的额外需求继续存在,价格的上涨就一直不会停止,因为我们以及其他国家市场的价格均衡意味着大体上进口和出口是平衡的,而只要我们出口商品的一部分是用正常流通需求以外的黄金支付的,这个进出口平衡就绝对不会发生。如果从一开始我们就依赖黄金,例如采用金本位制来取代银本位制或者纸币,情况就会截然不同。那样的话我们将有能力向国外提供白银或者取得贷款,或者通过额外的税收来获取财富,所以国内的消费将会相应地减少。在所有这些情况下,很容易就能看出,在我们这方面不会有对高价格的刺激因素并且黄金会简单地在商业和银行业中取代白银或者纸币,然而在先前所述的情况中它持续不断地提高现有交换媒介的供给。

如果黄金生产跌落至对新产出黄金的正常需求量以下,会发生相似的现象,但是方向相反:商品价格不断地下跌,直到变得越来越有利润的黄金生产能再次满足平常的需要,或者可能直到发现新的金矿。

如果这一过程的描述是正确的,可能会改变人们普遍所持的对于黄金产量增加或者减少的影响的看法。人们常常认为新进口的黄金在到达之后只是逐渐地引起价格上涨。与此同时，它应该是被闲置于保险箱中或者银行的金库里，而这样的正常后果应该是可用于贷款的总量将增至超出所需要的量。由于持续的进口一直使黄金保持过剩，所以结果一定是价格的上涨通常由较低的利率引起，而且只有当价格已经达到了最高限度且交易量吸收了货币的增加额时利率才会再次上升到正常值，在黄金短缺且价格下跌的情况中也是如此。

然而经验表明（并且数量理论的反对者们也毫不迟疑地指出了）情况应该是相反的：价格上涨的期间通常具有高利率的特征，而价格下跌和低利率通常是同时发生的。在下文中，当我们谈到信用对价格的影响时，我们会发现我所认为的对这种情况完全令人满意的解释。这里我们完全可以说即使价格波动仅仅是由黄金生产的变化所引起的（当然情况绝不是这样的），那么该矛盾可能也并不像它乍看起来的那样大。可以把价格上涨设想成是由于在收到用于支付出口货物的黄金之前就产生了的需求增加甚至或许是更久之前的需求增加所引起的，因为即使是为开采金矿做准备也需要大量的劳动力和资本，也就是需要那些只能在将来才能用新采出的黄金进行支付的货物，并且资本可能只有一部分产生于实际的储蓄（因而是来自于对货物需求的减少），其余的出自银行信贷的债权[1]。同时价格上涨可能发生并且可能首先由更自由的

---

[1] 由于采矿准备相当于这一部分上的实际储蓄和消费减少，就那些在金矿认购了股份的人而言，出于已经阐明了的原因，价格不需要上涨，直到新产出的黄金本身开始出现在市场上。

信贷使用所引起，另外利率会有上升、而不是下降的趋势。然后越来越多的黄金存量将充当价格运动的支持力量，防止其降低，就像不然的话它会由于信贷紧缩的缘故迟早所做的那样，即作为一个对已经开始的价格上涨在后来所引入的支持力量，而不是作为其初始原因。

在黄金产量减少的情况中，如果我们假定采金区对商品需求的减少导致了价格下跌，则会是相反的情况，因为交换媒介的现有供给可能相当充足。然后我们就会发现七八十年代吸引了如此之多注意力并且被认为无法解释的那个奇妙巧合：黄金产量减少而且商品价格下降，与此同时贷放款过多并且利率下降。

我只是把这作为一个可能的假设顺便提一下：这里所说的现象还没有经过细致的研究，因此我们不能表达明确的意见，而且如果除了黄金存量之外我们不考虑价格上涨的任何其他原因，那么无论如何情况都太不完整了。这些存量的持续大幅度增加或者减少*在其他条件不变时*必定会对价格有一个支配性影响肯定是显而易见的，并且几乎没有任何经济学家对此有质疑，否定它将导致荒谬的结果。

我们可以用极其相似的方法来解释通常由连续发行纸币所造成的货币价值的大幅下跌。例如，一个政府需要钱来满足庞大的开支，通常是军备开支，政府或者通过从中央银行贷款而得到这些钱，并授予中央银行增发其钞票的权利；或者通过让纸币自行进入流通的方式来得到这些钱，纸币或者是在开始撤出金属货币时或者是在金属货币已经被撤出后，被按强制性的比率定为法定货币。直接的后果是一些劳动力和资本被从普通消费品的生产中撤出来被投入到战争物资的生产中，或者被应征入伍的人员直接消耗了。反之，如果从高税收中得到这些钱，那么这些商品的产量减少会与纳税人对它们需求的减少相一致。那样的话价格上涨就不必发生。可是现在相对于这些商品和服务的供给减少，货币的购买力并没有减少，因此所有的价格都必然上涨。由于价格上涨的缘故，政府对货币的正常需求也将增加。如果它接着发行更多的纸币，我们就进入了纸币可能有朝一日会贬值，并一直贬值到毫无价值的无休止循环之中。

最近Subercaseaux描述了各个国家中有些乏味且不光彩的纸币历史，参考文献中提到了他的作品。看起来不管是在早先还是后来，发行纸币的原因几乎总是出于政府在战争时期对金钱的需要。尤其是在美国南北战争爆发时，当时政府没有充分的权限做到有成效地征收新税，也没有足够的信用能够得到真正的贷款，以不可兑换纸币形式的变相税收使纸币逐渐贬值是其唯一的出路，尽管这是极其危险的。我们最感兴趣的问题是纸币的经验在何种程度上能够证实看起来是先验的货币价值理论、即数量理论的或多或少的改进版本站得住脚。在Subercaseaux所准备的统计资料（$El\ papel\ moneda$，126页）的支持下，我们可以假定，在纸币的发行被保持在合理的限度内时，阻碍其价值急剧下降并且在一定程度上正是由于这种价值下降所唤起的那些经济力量作用得非常强烈，以至于仅能觉察到轻微的纸币贬值趋势，而越是努力地把纸币用于国外支付或者获得贵金属，这个趋势就表现得越显著。随人口的增长和交易量的增加而增加的对交换媒介的需求、国家把硬通货驱逐出去并用纸币进行替代，以及怀着有朝一日纸币将可以被按其面值进行兑换的投机期望而进行的纸币囤积本身——所有这些都是趋向于抵制货币贬值的力量。

另一方面,大量、连续地发行纸币导致纸币价值相应下跌是毋庸置疑的,正如人们所预料的那样,这与数量理论的原则是完全一致的。南美洲的哥伦比亚共和国最近提供了一个引人注目的例子,该国政府于1855年至1905年,特别是在美国南北战争期间的1899年至1902年,所发行的不可兑换纸币数量不断增加,而这些纸币的价值逐渐下降。首次发行是在1886年,总量只有300多万比索(=美元),而黄金溢价,即黄金超过同样面值的纸币的额外价值,只有35%—40%。在接下来的几年里纸币的数量增加了,并且黄金溢价不间断地上升(唯一的例外是1896年),到1899年南北战争爆发的时候流通中的纸币总量达到了大约5,000万比索,而黄金溢价达到了218%—320%。在战争期间纸币的数量增加了10倍,到1903年达到了63,860万比索,而且战争期间的黄金溢价上升到了20,000%—25,000%,也就是比索纸币仅具有其黄金价值的1/200到1/250。战后纸币继续发行,但是以一个比较适度的规模,结果在1905年时的总量是84,720万比索。随着和平的到来黄金溢价确实下降了一些,所以在那三年中的行情是10,000%,即纸币比索与黄金比索之间的关系为1∶100。如果我们不追求学究式的完全一致,那么这些事情的进展情况从各个方面都证实了数量理论的预料。

因此在这一点上,严格地说,价格上涨是主要的而信用媒介的增加是次要的,而且至少可以想像的是在这种情况下,任何真正的纸币过剩及其产生的利率下降,都绝不会发生。正如 Subercaseaux所注意到的,实际所发生的情况是各国经常出现不合时宜的现金短缺和纸币贬值,而商人纠缠着政府要求增加钞票的发行。然而我们必须要知道,商人和制造商通常是从货币贬值中获利,或者他们相信自己会从中获利,因为在货币贬值期间他们可以更便宜地买入并在其价格更贵的市场中出售。使这个问题更加复杂也是与贬值货币有关的可能有实际意义的一个实际情况是:当价格上涨开始被公众看成是一种司空见惯的现象时,其本身就变成了利率上涨的原因,尽管从根本上来说它只是一个表面的原因,因为对于每年贬值或购买力下降1%的货币来说,5%的利息与对于借款人和贷款人来说价值都恒定不变的货币的4%的利息是完全相同的。同样,在纸币被撤销或恢复之际商品价格的下跌预期也会导致(明显的)利率下降。

7. 信用对商品价格的影响:通货学派与银行学派之间的争论

到目前为止我们仅仅关注了货币实际数量的变化对货币价值或者商品价格所造成的影响(以金属货币为主但不仅限于金属货币)。然而货币正常流通速度的每次变化都必须被视为本质上以相同的方式起作用。对此最好的证据就是在商业过程中所使用的汇票、支票、纸币等各种不同的信用工具,既可以被视为真正的货币与现金竞争或替代现金,也可以仅仅作为在真正意义上提高货币流通速度(如果我们把在先前所称的虚拟流通速度也包括在这个术语中)的手段。不可兑换纸币有时也被视为一个信用工具(一个表明政府纸币债务的信用工具），不过这并不正确，因为其兑换属于不确定的未来或者常常根本不会发生，所以一般来说并不影响其交换价值。比较恰当的是将其视为像代币那样的纯粹人工货币，或者将其视为不可自由铸造的贬值银币则更恰当一些，即 G. F. Knapp 所称的"epicentric"支付媒介。另一方面，纸币和银行券密切相关，而且在银行券的可兑换性被中断或者恢复的时候，有时可以难以察觉地融合在一起。

我们现在的任务是更加仔细地考察信用作为至关重要的加快或减慢流通速度的媒介的作用，特别是去确定在何种程度上一个国家的银行或政府能够通过它或者类似的手段，即在物质上去缓和由贵金属产量变化所造成的价值波动，来调节货币的价值。这是被公认的整个货币理论中最为重要的问题之一，同时也是最难的问题之一。可以说，这个问题或多或少有意识地引起了所有关于货币理论的争论，这些争论甚至使那些经验丰富的经济学家，特别是上世纪的那些经济学家，分成了完全不同的阵营。

然而在关于诸如由政府自己发行的纸币，或者在其支配下由银行发行并与金属货币一起，或者与把后者逐出了流通或逐出了该国家的替代品一起为法定货币的纸币，可以说在这方面并不存在观点上的严重分歧，至少在那些顶尖的经济学家之间不存在。关于纸币的功能以及影响其与贵金属及他国货币相对价值的那些因素，的确有一些模糊的、有争议的观点：但是大量发行的纸币逐渐贬值并因而使得所有以纸币计算的其他商品价格上涨，已经在历史上被多次证实而无须怀疑。同样，虽然并不是很多，但也有一些连续撤回纸币、恢复其价值并导致以纸币计算的商品价格下降的例子。前一种情况中的价格上涨和后一种情况中的价格下跌同样不难解释，而且已经在前文中讨论过了。至于纸币的收回，我们只需要补充这大体上能够以两种方式实现，要么通过增加税收直接收回，借此国家的收入提高到了大于其开支，在这种情况下钞票可以在当它们被用来支付税款而流入国家国库时部分地被撤回；要么国家可以用有息债券的方式发放贷款，并把从认购者那里所收到的钞票付之一炬。前一种情况中的纳税人和后一种情况中的公债认购人的购买力会变小，从而商品的货币需求将减少，所以商品价格立即以货币供给减少的相同比例开始下降。然而不管怎样，减少的货币量将最终导致全部商品价格下跌，尽管这可能而且在很多情况中也确实是被银行及其他信用使用的增加所抵消，即实际上被较小数量纸币的实际和虚拟流通速度的增加所抵消。

最近奥地利出现了一个有趣的例子，他们通过定期发行有息国家债券——即所谓的"Salinenscheine"（因为原始证券是国家盐矿），以及相应地撤回纸币，并交替着在市场中回购"Salinenscheine"，也就是重新发行撤回的纸币，使其政府纸币在数十年来被控制在了相对于黄金几乎固定的比率上。

至于严格意义上的信用工具，特别是以银行券或者虚拟存款的形式向公众发行的银行信用，其对价格构成的影响仍处于很大的争议之中。这种争论是关于银行组织最适宜形式的辩论的真正本质，这个辩论贯穿了大半个19世纪而且现在也不能说已经终止了。按照一种被叫作所谓的通货学说〔在19世纪初期李嘉图是这种学说最著名的倡导者，后来该学说在1844年的皮尔银行法案（Peel's Bank Act）中以实用的形式表达出来〕的观点，银行通过给予信用,特别是通过发行银行券而拥有了增加通货继而提高商品价格的无限权利。如果银行不必以金属兑换其银行券就更是如此,就像李嘉图时代英格兰银行的情况那样。另一方面,如果银行的这个义务存在〔这是李嘉图本人唯一没有一贯要求的一个良好银行体系的条件,其于 1819 年由第一皮尔银行法案(first Bank Act of Peel)在英格兰被建立〕,那么对银行就自然地有了一个强有力的控制措施,这只是由于这样一个国家的商品价格无法再明显地上涨至超过所有其他使用相同金属作为价值度量的那些国家中的价格水平,因为这会使该国遭受金属流出的损失,从而迫使银行限制信贷措施。但是另一方面,正如李嘉图也指出了的,它并不能阻止一些国家的银行采用相同的政策以及随着金属货币一起发行一些银行券。那么价格总水平就可能上涨到任何高度,而且由于那样的话金属货币将没有理由向一个特定的方向流动,所以银行券的可兑换性将不再是对价格上涨的约束,除非它已经涨到了对黄金的工业需求开始明显地减少银行储备的程度。就此而言,如众所周知的那样,皮尔银行法案要求所有在某一限额之上的银行券都要有足额金属准备金,这一点几乎被其他国家在银行法中原封不动地照搬了,这意味着完全采用了李嘉图的原则。

然而,这个措施作为稳定商品价格的手段在社会层面来讲当然是很不完善的,即使以此刻正在讨论的观点看来也是这样。发行银行券只是银行可以支配的增加交换媒介总量或者货币流通速度并以此来提高价格的手段之一,英格兰的例子最好地说明了当银行券的发行受到过于严格的限制时,其他手段是在何种程度上被越来越多地应用的。在英国的银行所经手的交易中,只有一小部分是用银行券或现金完成的,更大的部分是由往来账户上的支票支付所构成的。在其他的国家也出现了相同的发展,只是程度上小一些,比如德国和美国。但是,一方面由于这个原因当前的银行法无法阻止由通胀的信贷政策所造成的初始价格上涨(更不必说由硬币供给增加所产生的价格上涨),而另一方面,它在需要增发银行券以防止货物和商品的价格大幅下跌的时候对增加银行券发行加以不必要的严格限制,例如在其他信用工具由于个人之间缺乏信任而不起作用的危机中。皮尔银行法案还没有由于这个原因引起商业大灾难完全是由于银行特别是中央银行,已经越来越多地采取了预留大量未用贷款的做法,这是皮尔银行法案的原始计划中没有考虑到的一个做法,也正是由于这个原因该法案在首次执行期间不得不被暂停了好几次。

另一个观点,通常被叫做银行原则(一个本质上模糊不清的事情的含糊不清的名字),它源自于皮尔银行法案的反对者,其中最著名的是托马斯·图克(Thomas Tooke),他以其巨著《物价史》(*The History of Prices*)而闻名。我们在这里无法详细地讨论图克和富拉顿(Fullarton)对实际控制银行系统的皮尔银行法案中的偏见所做的精妙批判,特别是他们对李嘉图及其信徒所严重忽视了的银行准备金的至关重要性的强调。我们只能考虑他们关于银行信贷影响的观点,特别是发行银行券对价格的影响。这一学派,或者至少它最坚实的代表人物,只要是银行仅根据绝对可靠的抵押品用贷款的形式向公众授予信用,就否认任何这样的影响。图克说,即使银行没有被强迫以黄金兑换其银行券,他们也不能在这种情况下增加或者减少流通中的信用工具总量。不论商业交易在这方面所需要的是以何种形式，例如贷款，从银行中取出什么，也不论其所不需要的以存款或偿还贷款的形式返回到银行的是什么。这个断言可能显得有些自相矛盾，因为从理论上来说银行可以自由地收回其所有银行券或者所有贷款；但如果它们真的这样做了，它们也会拒绝满足那些合理的贷款需求——这与最初的假定是相违背的。

图克的观点基于综合性的统计数据，这些统计似乎表明银行券的大量发行实际上从来不是先于价格上涨，而总是紧随其后。按照图克的观点，这个事实就证明了交换媒介的数量从来都不是起因，恰恰相反，它每次都是结果，是价格波动和成交量对交换媒介需求的结果。图克和富拉顿都在他们的观点中着重地指出了国家纸币（包括由银行以银行券形式提供给政府的）与经常以贷款的形式所提供的严格意义上的银行券之间的本质区别。他们说，在一种情况中，银行券被发行来用于直接对商品和服务进行支付，并不返回其发行银行而是仍然掌握在公众的手中；而在另一种情况中，它们仅仅作为有严格偿还准备金的贷款进入流通，因而总是在数月后返回发行银行。然而在这方面可以注意到，如果银行连续不断地把支付回来的银行券再重新发行出去，富拉顿和许多支持他的其他经济学家如此注重的银行券的返回就不会有显著的重要性了；政府纸币也频繁地以支付税款的形式返回到发行者那里，如果它们仍然在公众手中，那是因为政府继续重新发行了其纸币以满足当前开支。再者，至于银行券以存款的形式返回到银行的情况，这在纸币上也可以发生，而且实际上是经常发生的。在两种情况中公众存款都是因为可以从所存入的钱上得到利息（或者相应的利益)。银行反过来支付这样的利息是由于它们想要在较高的利率下把银行券尽可能快地发放出去,或者尽可能发放出大部分的银行券。

图克的论点被约翰·穆勒以改进的形式得到了发展,关于约翰·穆勒,马克思带有些敌意地说,他的货币理论成功地同时包含了他父亲(詹姆斯·穆勒,他是李嘉图的朋友)的观点和与之相反的图克的观点。穆勒认为在正常稳定的时期里,当每个人都只为了业务需求而借钱,并且都只是按照自己或者合伙人同意的资金增长比例扩大业务时,图克关于银行在价格波动方面无害的观点是完全正确的。在这种情况下银行增加贷款的供给是没有用的,而且即使银行能够用较低的利率吸引借款人比往常借得更多,所借出的钱还是迟早会落入到一些不需要它们的人的手中,然后又会作为存款返回到银行。另一方面,在动乱年代,当危机来临时,那些以前通过相互贷款、汇票或者普通的赊购方式实现了人为地保持价格的商人,必定会由于失去信心后去寻求其他更安全的信用工具而转向银行贷款,以穆勒看来,银行所处的境地无疑会是太过慷慨地发行银行券或者发放贷款,以致不能维持乃至加强价格的人工上涨并从而减缓一场无可避免的且对于重建良好的商业环境所必需的危机。德国人 Nasse 和阿道夫·瓦格纳接受了穆勒所持的这种观点,并且可以说这种观点目前在德国经济学家中盛行。从这些学说中所得出的实践结论是所有对银行业务活动的限制都是真正的恶魔,或者至少可以说这些限制只能在像上面所提到的这种危机时期才能与银行业务活动关联起来。为了国际汇兑的利益当然必须要坚持银行券对现金的可兑换性,而且为此银行必须总是被提供以充足的准备金。至于严格意义上的银行券保证金、普通的银行商业票据或者其他易于变现的证券,应该是完全充分的也是最理想的,因为它们结合了安全性和弹性。在稳定时期银行也必须持有大量的黄金储备或银行券储备以备在危机来临之际满足对贷款的需求增加。

就银行系统的实际组织机构而言,这两个学派之间的差异并不是特别的重要,而且可以说目前存在的银行系统是二者折中的结果,尤其是如果我们记得在严格的管制和规定之下发行银行券的权利只是现代银行业务活动的一部分,而且在很多国家中只是很小的一部分,在其他方面它享有几乎充分的自由。但是对于我们在这里即刻所关注的问题(即货币和信贷在正常条件下对价格的影响),两个观点之间有着天壤之别,这种观点上的分歧今天依然存在,尽管对它的辩论已经持续了几乎一个世纪。

8. 对李嘉图和图克学说的批评

这个令人沮丧的结果当然是由于双方都未能洞察到所争论问题的本质或者以易于理解且没有矛盾的方式展现其观点以便通过逻辑的力量使对手哑口无言。双方都没有这样做是许多外部条件造成的。对于这个问题,我们当然期待无比智慧的李嘉图能够给予一个详尽彻底的解答,但他只是一带而过。他主要对演示未铸币黄金与不可兑换纸币之间的价值差别(实际上,即*金条的高价*,也就是他著名的第一篇专题论文的名字)感兴趣,这种差别是在英国的"银行限制法案"实施后期出现的,它无可置疑地证明纸币已经贬值了，而这转而又证明了它是由发行纸币的银行尤其是英国银行过于自由的纸币发行以及过于宽松的信贷发放所造成的。在一个即使是商业领袖和政治家们都对货币单位、价值尺度、汇率等提出最不明确的概念的时代，这种说法的前一部分绝不像它在今天这样不证自明。他的反对者的观点则恰恰相反，他们认为黄金已经升值了，当然这从根本上其实相当于是一回事。李嘉图以迥异于其后期沉闷风格的新颖、直白的语言对这种冲突观点的清晰和明确的分析，永远是国民经济学著作中的瑰宝。甚至这种观点的后一部分也几乎无可争议，图克及其学派也没有对此提出异议，他们和李嘉图都强调了目前已经被普遍接受的观点，即银行在遭遇汇率下降和黄金外流的威胁、进而纸币又因此而贬值时，必须将限制信用作为处理措施。

然而李嘉图的阐述仅仅在纸币与黄金的关系——即关于它们低于其票面价值的可能性的问题上，是完全令人信服的。它们与商品的关系，或者与商品价格水平变化的关系，却未必是一回事。银行一方通过较低的贴现率造成的过于自由的信贷可能导致本国资本的外逃，而且就像我们能够清楚地预见的，继而造成黄金外流，即便这期间本国价格水平没有同时出现波动。那一时期在英格兰确实发生了商品价格的大幅上涨，无论是以黄金来表示的商品价格还是以纸币来表示的商品价格都是这样，这一点和其他的一些事情都由图克对价格的调查所充分证明了。但是这种价格上涨开始于黄金溢价出现之前，而且在那些长期战争的日子里极可能还有很多其他的原因，比如高额运费，由于英格兰当时进出口产品结构的缘故，运费构成了其国际收支中的一个非常重要的因素。

李嘉图关于这一点的证明都太单薄了,甚至有些肤浅。他想表明过量发行纸币对于商品价格的作用与黄金真正过剩所起的作用相同,并且为了这个目的,他甚至动用了英格兰银行金库中所发现的一张虚构的金矿区的画(在"Reply to Mr Bosanquet"中)。就像这样的黄金囤积,不管是以金币形式的囤积还是以金币为基础的纸币形式的囤积,都会在短时间内在公众手中流通并造成商品价格的上涨一样,他认为只要银行愿意,那么它们无限量地发行这些不可兑换纸币或者没有储备支持的纸币一定是可能的。对于其反对者的异议,即只是被贷出且必须被偿还的纸币(而且,反对者可能会补充说,与源自银行假想金矿中的金币)与从一开始就属于持有者并主要用于购买商品的真正新生产的黄金之间必定有本质的区别,李嘉图的回答是没有区别,因为即使是新生产的黄金的功能也是被借贷出去。如果黄金的所有者没有立即把它借出去,它也迟早会落到将会把它借出去的人们的手里。这个回答是不能令人满意的。从黄金出产国运到欧洲的黄金通常并不是以要被借贷出去的资本的形式而是以支付货款的形式抵达的,因而立刻发挥着和其他汇款相同的直接交换商品的功能。即使一些黄金以标的物的形式存在了一个银行中,它们也会立即将相应数量的纸币或支票投入流通,前者兑换黄金而后者用那些黄金存款兑付。因此在这里我们发现了明显且无可辩驳的更高价格的趋势,尽管不是从主要以贷款形式离开银行的货币上发现的。

和我们刚才所做的一样,李嘉图也设想了一些国家从前只有金属货币、现在授权其银行以"与英格兰银行相同的原则"发行钞票的情况,即有权发行无储备支持纸币(但见票即付)的情况。他声称，如果同时发生了这种情况，因为金属货币无处可去所以并不能被逐出，而银行因此将能够向已经充足的流通量中补充更多数量的信用工具。他接着说，如果这一点可以被接受，那么问题就解决了；如果这一点被否认，他则反问无储备支持的钞票怎么能够产生并进入流通呢。但是这个论证也不是很有说服力。毕竟银行纸币可能是由于人口增长或者交易量增加，因而需要更多货币（除非价格下降），但是货币供给不足，才发行的。或者说它们可能是被发行给了政府，而没有任何兑换的义务，在这种情况下没有任何人会质疑它们对价格上涨的影响。值得注意的是李嘉图从未详细地研究过银行通过何种方法可以将其更大数量的货币或者纸币存量成功地投入到流通中，特别是降低贷款利率对于对信用工具的需求以及价格水平会起到何种作用。这可能是由于在他的时代利率被从法律上限定在了最高5%。一旦银行达到了这一最高限度，它们就不能再通过提高利率来限制其信贷融资，而是不得不通过直接拒绝向某些客户提供服务来实现这一目的，即使这些客户能够提供最好的担保。在18世纪，当英格兰银行被迫以黄金兑换其纸币时，在该银行的黄金储备由于某种原因可能要发生枯竭的情况中，这种办法经常被重新启用。然而兑换钞票的责任一经解除之后，该银行就不再需要拒绝向其客户提供服务了，并且原则上如果提供了足够的担保，它们也没有拒绝过。正是在这种情况下，李嘉图发现了钞票贬值的主要原因。

不过从他作品中的一个段落来看，关于利率变化对价格的影响，似乎他自己也不是完全清楚。否认过量的纸币是银行纸币贬值原因的那些人坚持认为除了其他方面以外，如果存在这种过量，则一定会通过异常的低利率显现出来。对于这一点,李嘉图理由充分地强调说只有当货币的过量没有引起相应的价格上涨时,才会发生货币利率的下降。一旦发生这种情况,相对于成交量的要求而言就不存在货币过量,因此没有理由把利率维持在低于正常水平,而这,他评论道,是由实际资本的供给和需求调节。

到目前为止,一切都很好。但是为了进一步强调不可能永久地降低利率,他试图进一步地用*反证法*来证明,但这不太有说服力。他说,如果这样持久地降低利率是可能的,"那么银行实际上将成为强大的发动机"。通过发行纸币,并以低于公开市场百分之2或3的利率将其借出,银行将同比例地减少营业利润,如果他们足够爱国而仅以支付发行费用的成本为利率借出他们的钱,利润将进一步降低。那样的话将没有一个国家能够和我们竞争,除非他们采取类似的措施,所以我们将掌握世界的全部贸易。接着他说道:"这样的理论会把我们引入多么荒谬的境地啊。资本的利润只能在与不包括交易媒介的资本(实际资本)的竞争中减少,但是由于增加纸币不会增加这种资本,因为它并没有增加我们的出口额、机器的数量或者原料的数量,所以它不能增加我们的利润或者降低利率。"

甚至这一论证的形式也是奇特的,在一开始和随后,他指的是降低企业利润,但最后他似乎指的是提高它们的可能性。然而,这可能是由于不准确的表达,但是迫使企业利润下降通常会提高一个国家的竞争能力这个观点是肤浅的,完全不符合李嘉图在后来所采用的并以其命名的著名的国际贸易理论。没有人比李嘉图更清楚,国家之间的商品交换不是由绝对生产成本调节,而是由相对生产成本调节的。一个由于其技术或自然资源的原因可以用比其他国家更少的劳动力生产所有商品、因而在每一点上都占有技术优势的国家，仍然会在其自身技术优势相对最小的商业领域逊色。特别是就增加资本积累和由此造成的利率降低及资本利润降低的影响而言，这当然会造成那些需要特别大额资金来生产的商品降价，而且自然也会造成那些需要相对较少量资金的商品的成本增加。正如李嘉图在其他地方清楚地表明了的那样，除地租以外，资本的利润下降与提高劳动在产品中的份额——即增加工资是一样的；但是高工资使所有这些主要是手工劳动的成果并且不需要使用太多资金的商品更贵。增加资本财富造成的利率下降因而导致这两组商品的相对价格变化，但是除了增加实际商品的数量外不会对一般价格水平造成令人沮丧的影响，货币价值仍然会保持稳定，并有可能引起的货币流通放缓。但是从货币价值比较成本理论的角度来看，如果在黄金的生产中资本与劳动的比例低于其他行业，利率降低只会造成更低的物价，但是在相反的情况下它会导致物价提高。我们此刻不必考虑这些假设中的哪一个与事实符合得最好。

仅仅由于金融机构方面增加信贷措施而降低的贷款利率更不会有这样的效果。这将与李嘉图在其他地方尤其是在这些作品中所支持的货币和价格形成的整体概念相抵触。让我们以在英格兰银行内发现金山的极端事件为例。为了使增加的货币进入流通，还是要通过贷款的方式来完成，银行必须至少暂时性地需要将其贷款利率或者对票据的贴现率降至低于从前的水平，这是李嘉图承认的事实。现在，如果利率的降低能够造成生产成本的降低以及随后的价格下降,那么对信用工具的需要就将被减少而不是增加,一部分已经流通的货币会流回到银行,并经由这些银行流回到英格兰银行,这样一来,银行就不能把哪怕只是最小量的过剩黄金储备投入到公众流通中。如果要使这种观点不自相矛盾,我们必须假定银行主动地降低贷款利率(也就是说降低利率不是由实际利率的下降引起的)将造成更高的生产成本和更高的物价,因此,该国的对外出口能力将会下降,而不是增强。无论政府提高纸币发行量还是银行降低贴现率及其他贷款利率,都将导致金属货币的流出以及用它们所支付的外国商品的流入,这完全符合李嘉图的综合观点,几乎无可辩驳。但是李嘉图的观点根本没有解释为什么、如何以及在何种程度上低利率会有这样的效果,而这是整个问题的实质。李嘉图在为一个不证自明的论点提供惊人证据的热情之下,提出了一个模糊且部分错误的说法,这难免为后续问题的讨论产生了不利的影响。

当解除了对利率的限制时,正如1833年在英格兰所发生的情况那样,银行由于能够提高或者降低其利率,从而得到了随心所欲地增加或者减少其贷款的工具,利率对商品价格的影响问题就变得愈加惹人注目,一个对皮尔银行法案有利的主要论据正是这将迫使银行在商品价格变得过高、可能出现贸易逆差威胁时迅速地提高利率。图克确实曾用被视为是无可辩驳的统计数据表明了高企的商品价格几乎从来就不是过度发行纸币的后果,而通常是在此之前发生的。然而,这并没有真正证明什么,因为正如图克自己所解释的,大宗业务在那个时候主要是利用硬币或纸币以外的媒介。因此,如果银行过低的贷款利率是价格上涨的推手之一,那么它们因而自己造成了对周转媒介需求的增加,而这可能最终导致对纸币的需求也增加,尤其是当价格上涨已经变得非常普遍并渗透到了那些更喜欢使用纸币的行业(在英格兰,其中包括畜牧业)的时候。

但是,图克坚决否认降低利率通常会抬高价格。像往常一样,他首先从经验现实出发,并指出商品价格的上涨通常与高位的、上涨的利率同时发生,而不是相反。这种看法的正确性是不容置疑的;后来的统计数据多次完全证实了这一事实,不过我们将在后面看到它将如何被正确地解释。但是图克更进了一步并坚持认为降低利率的效果恰恰与皮尔银行法案最初的捍卫者所设想的相反。"普遍地降低利率,"他说[1],"相当于,或者说构成,生产成本的降低;而且相当明显,尤其在那些投入更多固定资本之处是必然结果,比如制造业。但是,对于所有那些由于时间关系对资本支出的需要通常发生在商品(无论是原料还是成品)进入市场之前的情况,这也是属实的。由于生产商的竞争而造成的较低生产成本必然导致所有这些商品的价格下跌,以至于货币的利息成为成本的因素。因此,我们必须假设,"他补充说,"在过去两年中普遍存在的相当低的利率一直是我们最重要的一些工业商品价格大跌的促成因素,而工业商品的价格下跌是与利率下降同时发生的。"

如果我们强调的是"工业商品",也就是说,所讨论的商品是那些需要特别巨额资本(在这种情况下指固定资本)的商品,最后的结论可能是完全正确的。但是在一般情况下,图克的观点肯定是

---

[1] 详见 Currency Principle 第三版,81页。

错误的；它与我们刚刚批评过的、李嘉图提出的观点恰好是一致的，两者的区别在于，在李嘉图看来，这只是一个草率的窜改，与他的普遍观点没有什么联系，而在图克看来这是他的理论基础和前沿。这个观点是基于不能接受工资和地租同时保持恒定（不是说其不可能）的假设，而在现实中降低利率相当于提高其他生产要素在生产中的份额。事实上，正如李嘉图（以及最近庞巴维克）所证明了并且经验通常所表明了的那样，在其他条件不变时，工资或地租的上涨，正是把更多的资本投入生产获利的必要条件。因此，实际资本（增加的储蓄）供应增加造成的贷款利率下降本身既不会造成平均价格水平的上升，也不会引起平均价格水平的下降。

然而，在当前的情况中，并没有增加实际资本的问题，至少在一开始没有，而只是通过银行信贷所创造的人造资本的问题，是购买力增加的问题，而与其相对应的是目前商品和劳务的数量不变：这是一种几乎不可能不引起价格普遍上涨的组合。我希望接下来的章节会使这一切更加清晰。

不过，在某种情况下，较低的贷款利率，无论是由何种原因引起的，也不是没有可能成为价格下降的理由——但不是目前的价格，而是目前计算的未来价格；这就是企业主承诺执行某些工作，如建筑物，要在一至两年内以商定的价格完成的情况。如果他计算自己的成本时假设工资和原料价格保持不变，那么较低的利率更容易驱使他以比本来能够承诺的价格更低的价格承担这项工作。但是如果在同一时间源自其他企业家的需求增加造成了人工和材料价格的上涨，就如通常所发生的那样，他就会悲伤地发现，他算错了。

图克当然对较低的银行利率是"投机的诱因"以及随之而来的较高物价的原因这一普遍质疑并不陌生，但是他试图通过下面的反对来弱化这一点，即当预期的价格上涨是如此之巨、利润可以在如此之短的时间内实现时，在保存借来的资本的基础上对商品的投机几乎不会发生作用，以至于较高或较低的利率或者贴现率是相当次要的问题。另一方面，他认为，在这种情况下，商人必须利用的购买力增加根本不需要由银行来提供。在这种条件下普通商业信用可以给投机者带来得到与他们的自有资金量明显不成比例的商品数量的机会。他从19世纪30年代末和40年代初英国的茶叶和粮食贸易中提出了一些引人注目的、经常被引用的例子。

但是，图克混淆了两种本质上不同的现象。他所举的商品投机的例子是那些由于政治事件而结果不好的例子，即价格在未来的上涨可以或多或少被确定地预见到。那么，在这种情况下，当前价格由于投机者的竞争而上涨并不奇怪，那么对于这样的投机，降低利率的吸引力当然很没有必要。相反，这样的投机者，如果他们不怕误判的风险，通常会为了获得短期贷款给出高于正常水平的利率。然而，就必然影响所有商业交易及所有资本主义生产的投机因素而言，利率对物价的影响是完全不同的问题。商人通常不会指望未来的价格上涨，而是与此相反，通常会假设目前的商品价格维持不变。不过，如果当前那些对其的支付只会在将来完成商品和服务，平均以相对于贷款水平而言较高的价格售出（这是每一笔贷款交易和每一次预付款的实质），这只是由于利息的普遍规律以及这样的事实：如果劳动和土地的成果没有被立即消耗，那么可以认为这样的方式将给它们带来比它们目前的方式更大的（边际）

生产率和更大的消耗品产量。如果银行或者出借人通常要求的更高价格恰好相当于这个价值差（＝等待的边际生产力），那么将实现均衡，而且商品和服务的付现价格将一年又一年地保持不变，至少在其他条件固定的情况下是这样。而且，如果他们提供了更便宜的贷款，那么即使现有价格是其计算未来价格的基础，显然企业家也将可以在没有损失企业常规利润的情况下，为原材料、劳动和土地支付稍高的价格，并且由于他们之间的竞争，他们将多少有些不得不这样做；这样当前价格水平将被间接地提高，因而未来的价格水平也将提高。所以并不是这种多少有些投机性的企业像在贸易周期的爆发中的那样被鼓舞的问题，而是在一定方向上对经济发展的缓慢而持续的压力的问题。比如说，一家企业正准备扩大其业务，并且被可以用比平常更便宜的价格得到资本而促使其这样做；另一家企业可能正要限制其业务或者干脆关闭企业，但却由于较低的贷款利率而坚持下来了。一种增加企业、增加对商品和服务需求，且因而直接或间接地抬高物价的趋势，于是毫无疑问地构成了每一次贷款利率自发降低的基础，不管它是由货币供应量增加引起，还是仅仅由银行信贷使用的增加所引起的。

但是，当然，这还不是唯一的因素。如果与此同时预期资本收益大大增加，比如因为在生产上的技术改进或者对资本需求的增加（也就是等待的边际生产率普遍提高），则在不变甚至更高的利率时也可以见到完全相同的效果。这是由于对这种现象一直被不可调和的对立面所代表的本质上同一事情的不同阶段的复杂本质的忽视。银行总是当资金充沛时降低贷款利率，而在资金稀缺时特别是在贵金属向国外流出经常导致的贴现率提高的情况下提高利率，这显然是对李嘉图的理论支持，而对图克理论却是一个绊脚石。如果图克的看法是正确的，我们将面临奇怪的情况，这种情况甚至在他自己的时代也被作为反对他的论据，即为了提高贴现率和贸易的平衡，根据他的理论，银行将采取会导致生产成本更高、价格更高以及对已经非常有限的出口进一步限制的措施。图克对此的答复是在这种情况下提高贴现率通常持续时间太短，以至于无法影响产品的生产成本；而且，另一方面，它产生了一种直接的信用紧缩，带来倒闭和被迫销售的通常后果以及价格的下降，因而出口受到鼓励，对于信用工具的需求降低，黄金流回银行。

这种推理肯定是有些曲解，被迫出售和破产，充其量只是高贷款利率所引起的被迫供应当前商品中的一个因素。这样主张肯定会更好：即使价格水平没有变化，高贴现率也会导致外国资本的流入和未清偿商业债务的延期，以及哪怕只是偶然发生的贸易平衡的改善。但是尽管如此，差异依然存在，正如我们在谈起李嘉图的理论前后不一致的时候已经看到的那样。根据这一理论，银行方面的持续低贴现率会导致商界人士对贷款需求的减少，而不是增加，资金会流入银行，并会导致利率的进一步降低，诸如此类，直到利率降至零。另一方面，如果过高的利率长时间持续，他们会通过提高生产成本和商品价格，产生对货币不断增长的需求，而银行妄图维持其储备和其黄金持有量，这些将迫使利率越来越高。换言之，货币利率将处于不稳定的均衡状态，在一个持续的恶性循环中每一个与适宜利率的偏离都会被加速。

据我所知，图克的追随者中没有一个人投身于其推理的这个方向。他们满足于坚持银行在商品价格和信贷工具的需求方面的所谓的无能为力。Nasse 在其早期的货币著作中（不过在他后来的作品中有点不一致，后来他倾向于相反的观点）以及阿道夫·瓦格纳在其著名的著作 *Geld-und Credittheorie der Peel'schen Bankacte* 中也是如此。纳西主要依靠经验，根据经验，低利率往往被证明无法提高流通量以及使银行的可用资源进入流通。而瓦格纳则依靠以下几行的理由来强化其观点。他说企业对信用工具的需求是一个有些模糊的概念，他承认，银行增加对信用的提供，例如通过低于平时相对于公开市场利率的贴现率，可以自行产生对银行信贷尤其是对票据的需求增加。但是，他说，"纠正措施就在手中；以低于市场的利率不断大规模提供票据银行很快就会发现它的票据返回银行*要求兑现*①，部分原因是发行票据的数量很快引起反感，部分是因为在所有可能情况下发生的交易量不需要那么多的票据增量。"这种说法显然是错误的：由于对银行兑换其钞票的能力不信任而到银行挤兑的行为在时下是一个特殊的事件，可以被认为是过去的事情了。此外，有观点认为，如果商界人士不需要如此多的信用工具，他们会将其兑换成金币，除非收支平衡也同时变得更糟，这种观点是自相矛盾的，因为那样的话金币将取代过剩的钞票。更可能的是过量的钞票以存款的形式流回银行；但如果这发生在发行钞票的银行，银行不会受到任何伤害；他们可以再次发行它们，并同时从储蓄利率和贷款利率的差值中获利。

但是，更为重要的是，正如瓦格纳继续补充的，如果在一个国家的一些发钞银行中，其中一个或多个银行努力降低自己的贷款

---

① 斜体字是我自己设置的。

利率，以增加他们的贷款额度，那么它们的钞票将很快到达其他银行，被他们拿来用于支付或者产生往来账户上的利息权益。情况无疑确实如此，不仅是对发钞银行，总的来说对其他银行也是。单独的一个银行不能将贴现率显著低于其他银行；它将因此而获得许多借款客户，但不能得到相应数额的（真正的）存款。它无法与其他银行兑现它的支票，因而很快就会破产，或者至少缺乏流动性。但是，如果所有银行都同时奉行同样的贴现政策，那么这仅适用于每一个与其他银行相对应的银行，而不是一个国家的整个银行系统。

那么，最终调节资金利率，并防止一个国家银行通过共同协议来随意降低它们利率的是什么呢？如果我们接受这将导致这个国家中的商品价格连续上涨的观点，那么答案是明确的：在凡是没有小面额钞票以及在商业中使用金属货币的地方，则基于这种假设，国内贸易对黄金需求的增长将很快地使银行的金库变空。此外，这也适用于那些只使用纸币的国家，它们相对于外国的状况很快会由于贸易收支不平衡而变得不稳定。另一方面，如果我们否认低位的货币利率对商品价格的作用，那么就可能会设想到低位的利率会把国内资本逐出这个国家；银行存款被以黄金的形式取出，纸币会被兑换为黄金，而这些黄金将被送往国外用于资本投资。当然，这只是在回避整个问题。如果我们更进一步，假设整个商业世界的所有银行都同时降低货币利率，按照这种观点，也很难看出从哪里以及如何有所反应。相反，无论愿意与否，我们必须假定，这种减少可能会达任何程度而不带来任何难以承受的后果。储户对这种情况的不满实际上会是很大的，但是同时他们又无能为力，因为他们找不到别的地方能够从他们的金钱上获得比银行愿意提供的更高的利率，他们将没有理由提取存款。而且即使他们为了自己以某种方式使用他们的金钱而提取存款，假设成交量不能吸收更多的交换媒介，这些钱也会很快地流回银行。在另一方面，对所有非资本家的有利结果是非常明显的，企业将得到以非常便宜的资本进行运营的优势；企业的回报和工资将上升，而产量将增至最大限度，最高程度的繁荣将会实现，这都是由于银行账簿上的几个数字改变了的缘故。蒲鲁东(Proudhon)的理想，无息信贷，就可以实现了！

9. 积极的解决方案

从这些混乱模糊的想法中找到正确的解决方法是非常不容易的，这些截然相反有时甚至自相矛盾的观点是由最著名的学者为之辩护的。也许在某些方面目前不可能有解决方法，至少期望它可以直接被经验验证是不可能的。具体的实际情况太富于变化和纷繁复杂，以至于我们不能找到直接验证的途径：把这种现象隔离出来既棘手又令人生疑。唯一能非常令人满意的实验证明是世界上所有的银行达成一致，为了纯粹理论的兴趣，开始大幅度地提高或者降低它们的利率，并至少维持这种利率运行好几年，这样对商品价格的影响可能会显露出来。但是，我们为了这样的实验将不得不等待很长的时间。因此，当前唯一的办法，是诉诸于被普遍接受的经济学原理：为了令人信服，一种与它们显然矛盾的观点将比与它们完全一致的观点需要更多的证据。如果后一种观点本身没有矛盾,并且没有明显地被经验所驳倒,那么它可以作为一个能够指导我们对事实进行更详细研究的工作假设和临时理论。

以上分析的货币利率取决于*实际资本*的供给和需求,或者像亚当·斯密和后来李嘉图所表述的那样,利率由所使用资本本身的利润而不是由为产品流通提供便利的黄金数量和质量调节,这就是一个被公认了的上面所说的这种原理。就整体而言,这是不容置疑的,而且其原因无人不晓。金钱本身并不进入生产流程:它本身,正如亚里士多德所说的那样,完全没有生产能力。那些付息借钱的人通常不打算保留它,而是一遇到合适的机会就会用它来交换商品和服务,通过货币的生产性使用,他希望能够获得的不仅是货币价值的等价物,而且还有剩余价值,这些剩余价值构成了真正的利息,并且或多或少地与他本人所必须支付的贷款利息相对应。

在人与人之间的简单信贷中,资本利息和货币利息之间的关系很容易理解。出借人也有把他的钱投入生产的选择,如果借款人不能使他完全满意,他可能更喜欢这样做。一般说来,借款人在这方面的能力或者机会确实会比出借人的好,因为后者常常不能或者不愿意承受生产经营附带的风险。事实上,这就是为什么在不同的方面合理的贷款交易必须是互惠的原因。但是,这方面的差异也不一定要非常大:一个自己无法管理公司的人时下也有机会作为股东、债券持有人等参与其中。此外,还有另一种情况使得实际利率和贷款利率多少有些相符,那就是企业家之间对贷款资本的竞争。

当然也不能要求它们完全相符,因为资本的利润远不是一个统一的概念,而是根据企业成功的程度不同而有很大的不同。此外,短期利息和长期利息之间有差异,其中只有后者对应于实际利息。在许多私人融通贷款的情况中常常不支付利息,部分是因为借款人只能从中获得较小的利益,部分是因为贷款人常常在此期间无法为他的钱找到任何生产性用途。这种差异在很大程度上被信用市场消除了,不过不是完全地消除了,这一点可以从普通贴现率与抵押贷款和债券的利息对比中看出来。然而,应该注意的是,所谓的私人贴现率(公开市场利率)绝不相当于平均利率,即使短期贷款也一样。这其中存在一级证券、有银行承兑或者背书的票据等的问题,相比作为真正意义上的资本投资工具它们更可能被用作现金储备,因为它们可以在任何时间被兑换成现金。

贷款利率,也就是实际利率的直接表现,我们称之为正常利率。为了更准确地把握和界定这个概念,我们必须首先了解清楚实际资本这个术语。当然,我们在这里主要关注的不是那些不同程度地固定于或占用在生产上的资本,如建筑、船舶、机械等,因为它们的收益只是通过吸引或排斥在生产中使用新资本而对利率有间接影响。我们关注的是后一种以自由和未投资形式存在的流动资本。

但是,这部分资本由哪些构成?在这一点上通常的认为是商家仓库中的存货、制造商仓库中可以用于消费的物品、原料或者半成品。但这是不正确的。产品库存的大小对于真正的资本现象是无关紧要的,尽管某些情况下可能变得重要。与此相反,在近似的情况下,我们可以完全忽略的库存的存在,并且假设所有的产品、消费品、原材料和机械一旦准备好用于消费或者进一步的生产过程,就能找到销路。在这种情况下自由资本根本不会有任何物质形式——这很自然,因为它只是暂时性存在的。资本的积累源于那些在不久的将来放弃消费他们一部分收入的人的决心。由于他们减少或者停止对消费产品的需求，那些本来需要被用于生产它们的劳动和土地被释放出来去产生用于未来生产和消费的固定资本，并且在任由他们支配的货币节余的帮助下被企业家用于这一目的。当然，这个过程是以在生产的重新组织中有适应性和一定程度的前瞻性为前提的，而这实际上并不存在，不过与主要现象相比这通常是次要的。

对贷款资金的需求与储蓄的供给完全相符时的利率，以及差不多符合近期所产生的资本的预期收益率的利率，将是那时的正常利率或者自然实际利率。它本质上是可变的。如果资本使用的前景变得更好，需求将增加并开始超过供给；利率将接着上升、进一步刺激储蓄，同时企业家的需求收缩，直到在一个稍高的利率达到新的均衡。并且对于市场上的商品和服务也一定因此而达到均衡（广义上说，如果它没有被其他原因干扰），所以工资和价格会保持不变。于是货币收入的总和因此常常超过每年生产的消费商品的货币价值，但是过剩的收入（即每年节余和投资于生产的那些）不会产生对当前商品的需求，而只能产生对用于未来生产的劳动和土地的需求。

然而，以上所述只适用于人和人之间的信贷，即便如此在现实中仍有许多例外。在某些情况下，大幅度的价格上涨实际上可以仅用私人信用维持，例如用赊购商品代替货币交易。本质上，这种现象也适用于我们现在将要开始阐述的一般规律。如果获利的机会增加了，一个通过信用来获取商品或者服务的人，可能由于某种原因自愿提出较高的利率而不受损失。然而，如果卖方只要求普通的利率,或者在短期贷款的情况下,根本没有利率,那么买家可能反而自愿给出更高的价格购买商品;的确,由于与其他买主的竞争,他在某种程度上将不得不这样做。如果我们在此加入有组织的信贷,特别是银行的活动,那么贷款利息和资本获利之间的关系将变得更不那么简单;事实上,那样的话这种关系只有凭借与价格波动的连接才会存在,正如我们现在所看到的。银行与个人不一样,他们在贷款时不会受限于只使用自己的资金,甚至不会受限于因储蓄而任由他们处置的金钱。通过把私人持有的现金集中到他们手里,他们拥有了一笔灵活的,在一定的假设条件下取之不尽、用之不竭的贷款资金,这些私人现金会不断地通过存款而得到补充,就像它们由于支付而减少时一样迅速。在纯粹的信用体系下,银行总是能够满足任何贷款需求,不论以多么低的利率,至少就国内市场而言是这样。但是即使在现有的货币体系中,这些也同样适用,只要降低银行利率不会对商品价格产生任何影响的假设是正确的(如果按图克所料想那样会产生影响,自然更是如此)。因此这种假设一定是错误的,直接证明它确实是错误的并不困难。如果银行以明显低于如上定义的正常利率借出它们的钱,那么首先会抑制储蓄,并且由于这个原因增加对当期商品和服务的需求。另外,企业的获利机会将因此增加,对商品和服务以及市场上用于今后生产的原材料的需求,将明显增加到与受到较高的利率抑制以前相同的程度。由于工人、地主和原材料的所有者等[①]所增加

[①] 这里不需要考虑企业家的额外利润,因为它们出现在未来某一时间并与较低的银行存款相对应。参见《利息与价格》(*Geldzins und Güterpreise*),124页起。

第四章　货币的交换价值

的收入，消费品的价格开始上涨，况且以前可用的生产要素现在都为了未来的生产目的而撤出了，所以就更是如此。市场上对商品及服务的均衡将因此而受到干扰。与在两个方向上所增加的需求相比，供应将会不变甚至减少，这必然导致工资（地租）的增加，并直接或间接地导致价格上涨。

当然，增加的产量在一定程度上抵消价格上涨并不是不可能的，举例来说，如果以前曾存在失业或者较高的工资曾导致更长的工作时间、甚至由于利率下跌而无疑会带来的迂回性生产增加都会使之成为可能。但是，所有这些都是次要的考虑因素。在近似的前提下，我们可以假设所有的生产力都已被充分地利用了，所以增加的货币需求主要表现为雇主之间对劳动力、原材料和自然场所设施等的争夺，结果导致它们的价格上涨，而由于劳动力和地主增加的货币收入和对商品需求的增加，在储蓄减少而造成的商品价格上涨之外，又间接地造成所有消费商品价格的增长。

这种增长在某一时期（比如说在利率下调后的第一年）究竟有多大，是很难甚至不可能由*因及果地*确定的。况且增长也不是均匀地分布在商品的整个范围内，至少最初不是这样。就计划用于铁路、房屋、商店等建筑物的长期资本投资的商品和服务而言，这显然是最重要的，不过银行降低的利率应保持足够长的时间以对长期贷款利率形成影响也是必要的，迟早将是这种情况。当三个月的票据贴现率从年息4%降至3%，最多直接造成商品的购买价格上涨四分之一个百分点，这可以很容易地看出来，但是如果这种低贴现率仍然存在并逐渐造成抵押贷款和公司债券的利率下降，比如说，从5%降至4%，那么建设者、铁路公司等将能够承受

25%范围以内的工资和原材料增加,因为125克朗的4%和100克朗的5%是一样的。更重要的是,价格的增长,无论最初是大还是小,只要引起它增长的原因继续起作用,换言之,只要贷款利率仍然低于正常利率,就永远不能停止。如果价格的增长已经覆盖了商品和服务的整个范围,那么就会产生一个新的价格水平,这反过来将构成一切经济计算和协议的基础及出发点。那些看到自己的预期额外利润由于原材料和劳动力的价格增长而消失的企业家,由于他们生产的产品价格(已经发生)上涨而能够全部或者部分地获得这些利润,但是那些收入看上去只是增加了很小一部分的工人和地主则不会因为所需商品的存量有限而获益。他们在这种情况下实际获得的收益主要相当于那些在此过程中货币收入根本没有增加的消费者、借款人、退休人员以及其他人所遭受的绝对损失。人们以这些新价格来判断未来。那些只是因为他们自己能够以低廉的利率借到钱而没有期望他们的产品价格比正常价格高,从而直到现在还一直能够向工人、原材料的所有者提供较高价格的企业家,通常来说现在*即使银行利率恢复到正常的自然利率*,也能够提供同样高的价格,因为他们有理由预期自己的产品(或租金或运费等)在未来的价格仍会上涨。因此,如果银行维持较低的利率,这对于企业家是诱人的额外利润,而企业家之间的竞争,将迫使人工和材料的价格进一步上涨,并间接带来消费品价格上涨。因此,相对商品价格和一般价格水平两者之间重大的、决定性的区别,正如我已经在我的《利息与价格》一书中所指出了的,在于前者的平衡通常是稳定的,可以被比作一个自由悬挂的摆锤或者在碗底的小球。如果出于偶然它们被迫离开了平衡位置,由于重力的作用它们本身倾向于恢复到其原来的位置。而一般价格水平,在货币体系具有无限弹性的假设下,可以说,处于一个类似于小球或圆柱体在一个颇为有限的平面上的那种平衡:球没有移动,只是由于惯性和摩擦力使它呆在了它被放置之处;如果施加以一个足够大、可以让它脱离平衡位置的力量,它不会趋于回到原来的位置,如果让它运动起来的力量(在这种情况下,即正常利率或者真实利率与实际贷款率之间的差异)停止发挥作用,它们将保持在一个新的平衡位置上。

由此而得出的一个推论是以这种方式所带来的价格上涨必然在长期内压过低汇率时可能存在的某些商品和在某些情况下的价格降低倾向,因为这些至少只是一次性的而不是累积地产生作用。除了其他的以外,正如 Mangoldt 所指出的,这种情况的普遍趋势是在低利率时,特别是在原始条件下,一些人为了方便或者因为害怕承担风险的原因,宁愿将大笔的资金闲置而不是把它们借出去,所以流通的速度就减缓了。这种论述的真实性几乎无可争议,但即使在这种情况下,也只能施加压力令价格上升到一定的程度,而我们现在所讨论的压力则只要有银行利率与正常利率之间的差异存在,就趋向于无限制地提高产品价格。

这个结论可能看上去令人惊讶,甚至是不真实、不可能的,但我们不应该忘记,它与价格因为黄金的实际过剩而上涨,新的黄金以银行贷款的形式到达公众的手中时会发生的情况完全一致。这当然不是普遍的情况,因为从国外流入国内的黄金部分地直接用于支付商品。在这种情况下,它应该立即引起商品价格的上涨,并且这种上涨甚至可以先于黄金的到来,因此对于相对价格水平连续上涨，可能没有过剩的黄金，所以也就没有理由降低利率。但是新的黄金也部分地进入国内并最后到了银行作为"资本"，即黄金的拥有者没有购买这个金额的商品，并且也没有立即这样做的意图，而是希望把这笔钱借出去生息。如果我们现在假设，就像我们可以去做的那样，大量的这种黄金被国内和国外的资本家存放在银行，那么银行为了把它们（或者等量的钞票）投入流通必然不可避免地降低它们的贷款利率，并且根据我们的论述，我们可以进一步假设他们将实现自己的目标，即所有商品价格将上涨，因此企业将需要更多的交换媒介。一旦出现这种情况，资金的相对过剩将会结束，银行将其利率提高至正常，即与实际利率一致，并且在这样的利率下，已经提高了的价格将保持不变。已经离开银行的黄金在现实中不会再回到那里，而是会留在公众手中。因此，银行可以长久保持利率低于实际利率的条件将是新的黄金连续不断地流回银行，在这种情况下，商品价格也将持续上涨；如果得到允许的话，我们用银行券、虚拟存款或者其他银行信用代替黄金几乎没有什么差别。主要动因，即直接的、主动的原因，在这两种情况下是相同的，均为贷款利率低于正常利率，并且在这两种情况下的结果也一定是相同的。

针对上述分析已经有人提出了反对意见，即降低贷款利率也必然压低实际利率，因此它们之间的差别越来越小，于是对价格持续上涨的刺激消失了。这种可能性当然不能不予以考虑。其他条件不变时，降低实际利率绝对需要新的实际资本，也就是增加储蓄。但是这无疑也可能是由于虽然并非出于自愿，但是较高的价格会迫使货币收入固定的那部分人（如公务员）限制其消费，除非他们能够确信薪金的增加与价格的上涨相当。但是如果他们不能确信这一点,就不得不考虑通常由利率下降而产生的自愿储蓄减少。但是,如果前者的影响力占优势,并且生产不能在不降低净收益的情况下吸收无限量的新资本,那么早期的价格上涨,尽管它肯定不会消退,却可能被中止,除非银行进一步降低利率。戴维森(Davidson)教授提出了进一步的反对意见。他认为,如果利率的降低是由于在本质上相同的金属货币过量引起的[1],可能会发生同样的事情。他说如果产量的增加是由于能够提高实物资本产量的新发现和新发明的原因,所有的商品或者几乎所有的商品在价格上都会感觉到压力,除非人们假设货币体系具有无限弹性。因此,不论实际利率事实上发生了什么,企业家的利润将保持在过去的水平上而没有增加。关于这一点,也许可以回答说,增加的产量本质上属于未来,而对于原材料和劳动的需求增加则属于现在。出于这个原因,商品的供应量增加将至少在未来抵消已经开始的累计价格上涨。但是即使这样增加的商品供应量的影响立即可见,而虽然生产率提高了,企业家额外利润的消失,从广义上讲,将必然预示着实际工资相应地增加,及因此用于支付这些所增加的工资的实际资本增加。但是,如果实际资本增加了(无论是如何增加的),而且实际利率随之下降,那么从一开始在较低的实际利率与银行贷款利率之间就不会存在差别,这一点与我们的假设背道而驰。

尽管把在现实和公众心目中如此明显地联系在一起的实际资

---

[1] *Ekonomisk Tidskrift*,11 页,(1909)。参见我在同一年的答复,61 页。

本及其货币价值与资本利息和贷款利息这两方面的现象令人满意地分离很困难，但是我们可以认为上面所提到的抵消力量可能和被我们描述为问题的次要因素的东西有关。此外，在实践中，如果人们设想价格连续地、无限地在一个方向或另一方向运动，如果这种运动是由两种利率之间的差异引起的，则这并不重要。唯一重要的是，这足以充分地解释显然不能归因于黄金数量变化的实际价格波动，并且如果金属黄金像现在这样停止作为价格的衡量手段，这足以确保通过银行的利率政策调节价格水平的可能性。

戴维森教授在他的文章中还援引了李嘉图（《政治经济学及赋税原理》，1888年版，27章，第220页）的一个很有趣的例子（被我忽略了），它与我已经阐述的理论很相近。

同样地，银行在理论上可以通过维持利率高于正常利率而引起价格无限制地下跌。事实上，它们必须同时以相应的程度提高它们的存款利率，因为否则即使在纯粹的信用体系下，它们也将失去所有利润丰厚的业务，因为私人贷款将取代它们的位置。（用金属货币支付并不是绝对必要的，所有的金钱交易仍然可以通过账面记录来实现；但是，存款中的大部分将被提取并以贷款的形式付出，因此银行存款余额只相当于必要的现款的数量。以前通过银行实现的信用债务仍是私人之间的，因此不会给银行带来利润。）正如上一节中所表明的那样，在有必要控制贷款市场并改善贸易平衡时，中央银行有时甚至有必要对存款给予某种形式的利息。

如果我们将以下观点作为我们的出发点：即降至低于正常利率（由对资金的现有需求和储蓄量决定）的贷款利率本身往往造成所有商品价格的逐渐上涨，而贷款利率的自然上升引起连续的价格下跌,两者在实际中都没有限度,那么所有的货币现象就会非常简单明了;同时,银行有义务保持利率与正常或者实际利率一致将是显而易见的。任意提高或者降低贴现率不仅会因为价格变化而导致收支平衡上不能维持的改变(除非外国银行也效仿),而且也会证明对于国内贸易是不可能这样做的,特别是在大多数贸易大国中黄金仍然被大规模使用的情况下。利率提高,以及随之而来的价格降低,会导致一些黄金退出流通并进入银行,对于这部分钱,如果银行希望避免票据贴现的损失,它们不能拒绝支付利息。总之,它们将被迫给其无法借出的存款支付利息,而唯一的解决方法显然是降低贷款利率。此外,过低的利率会导致价格连续上涨,企业用于小额支付的现金需求会迅速地使所有的黄金被从银行中提取出来,或者引起钞票发行的法定上限被突破,这种情况只能通过提高利率来应急。

我们不时会听到有人声称说贸易大国的银行对于黄金提取漠不关心,只要这部分黄金看来只是为了满足国内的需求,但是对黄金流向国外却非常敏感。然而在这里所指的,只是那些由在某些时间(如季度结算日)周期性反复出现的、短暂的业务需求增加所造成的黄金在国内市场上的变动。不管怎样,没有哪个银行可以对国内黄金需求的逐步和持续的增长漠不关心。(见前文 Helfferich 的评论,关于德国国家银行提高贴现率。)

另一方面,从上文中似乎可以看出,对于银行在利率方面的规定主要取决于纯粹的传统环境,例如某些国家禁止小面额的钞票,因此市民被迫使用硬币,以及从总体上看到的关于钞票发行的法规。只要它可以防止银行用随意的利率政策造成不受欢迎的价格水平波动，这可以被认为是一个好事情，但如果它也阻碍了他们去防止由于黄金需求或者黄金生产条件变化所造成的波动，那就适得其反了。我们将很快回到这个问题。

但是，对这一理论仍然存在最重要的异议——作为对其理论的支持，图克学派的成员一有机会就耀武扬威地亮出这一异议，而李嘉图学派则迄今为止一直默默地回避这种异议。它就是我们在分析黄金数量对价格的影响时已经遇到的那个事实，即价格上涨很少与低利率或利率下降同时发生，而是更频繁地与利率上升或高利率同时发生。

的确，有人反驳说价格上涨通常会在利率已经达到最大值时开始，反之亦然。但是这反而在一定程度上表明，也许图克的理论，即利率的上升或者下降，是商品价格上升或者下降的原因，是正确的；或者利率的改变是由于那些商品价格所引起的，而不是相反。因为在这两种情况下，这两种运动的最低点都应该在时间上重合，然而根据我们的理论似乎是最大的一个将与最小另一个同时发生，反之亦然。

对图5进行的研究表明所讨论的相似性不是完全一致。但总的规律应该是我们所给出的那一个。

但是这显然使反对意见失去了其所有的意义，事实上，如果我们自问银行贷款利率的变化实际上取决于什么，那么它变成了对其妄图驳斥的观点的支持。如果事实是这种变化通常源于银行本身；换言之，即后者相当随意地提高或降低利率，而不是根据市场状况被迫如此行事，那么肯定有理由预期降低利率之后商品价格上涨，反之亦然。但是，情况显然并非如此。银行总是或多或少地

第四章 货币的交换价值

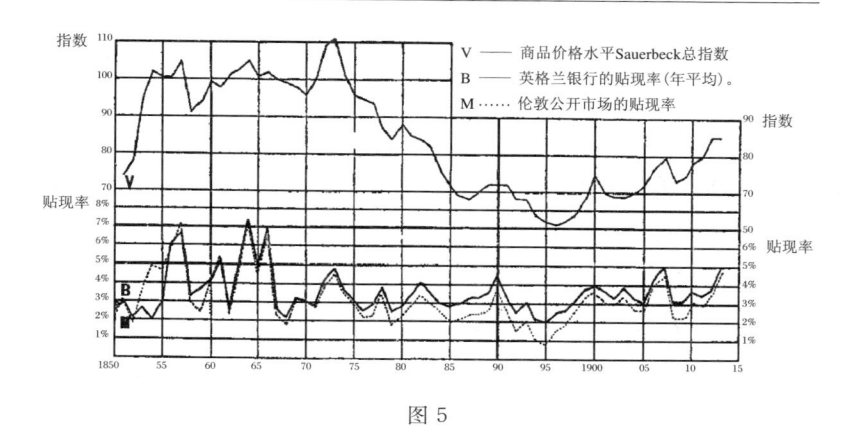

图5

在其利率政策上受到约束，即使这个政策很可能通过时下越来越普遍的银行共同行动在某种弹性范围内变化也是如此，然而在银行领域，恰恰是因为巨额款项利害攸关，占主导地位的是建立在习俗和传统之上的步骤，简言之——程序，这一点也许在银行领域比在其他地方更甚之。事实上，可以说银行从不改变它们的利息，除非它们被外界环境的力量驱使着这样做。当他们的黄金储备面临枯竭的威胁，或者它们当前的债务如此之大以至于它与黄金持有量之间的悬殊关系被认为是危险的，或者更严重，当这两种事情同时发生时（这是常有的情况），它们就会提高利率。在相反的情况下它们降低利率：增加黄金持有量或者减少债务，或两者兼而用之。当然，这样增加的银行黄金持有量可能是由于从生产国或者外国收到了黄金，如果这种黄金是从一开始就作为资本存在了银行，在这种情况下的结果无疑将是利息下降以及随之而来的价格上涨，尽管银行自然地会随着价格上涨的比例连续地将利率提高到正常的利率水平。但是，这不是黄金产量增加的必然结果。与之相反，较高的市场价格可能是主要因素，黄金的流动是次要因素；对于实际价格结构同样重要的一个情况是，如果对货币的需求由于人口的增长、更普遍的社会分工以及更广泛地使用资金而同步增长，黄金数量的增加通常对价格没有影响。

因此，那些不是由*黄金产量变化*所直接造成的商品价格波动，在许多情况下，必然有其他的原因，那就是不时发生的*实际利率的变化*。这不应该被理解成是这种利率水平使平均商品价格更便宜或者更贵，因为正如我们所看到的，通常不是这种情况，*但由于贷款利率不能足够快地适应这些变化*，所以银行对商品价格的影响，其实是它们在贷款市场中的被动结果，而不是它们主动的结果。换言之，实际贷款利率和正常利率之间的差异，即我们所说的商品价格波动的主要原因，很少因为贷款利率自发改变同时正常或实际利率保持不变而增大，与此相反，却因为正常利率上升或下降同时贷款利率保持不变或者缓慢地随之变化而经常增大。在对这些问题的讨论中，这方面的考虑几乎被完全忽略了，这可能是由于这样的事实，即利息理论至今仍处于初级阶段，只是在我们这个时代才被庞巴维克划时代的作品置于牢固的基石之上。自然利率，资本在生产中的实际收益率，像其他事物一样，面临着变化——有时非常强烈。其他条件不变而不断的储蓄带来资金增加时它会下降，因为随着为新的资本找到有利可图的投资机会越来越难，现有资本的竞争降低了利率，而工资和租金随后上涨。但是，我们不应当忘记，即使其他条件不变、利率对储蓄的数量有决定性的影响，它也还受到一些其他原因的影响，比如日益增加的繁荣、强化了的法律保障、更多的深谋远虑以及更高的文明程度。在某些情况下,低利率甚至也可能会刺激储蓄,不过这必须被视为一种例外情况。

反之,当资本金额减少时,利率上升——无论是相对的,例如由于人口增长带来的对资本的需求超过现有储蓄[1],还是绝对的——例如破坏性战争的结果或者一些突如其来的自然灾害。但是利率也可能由于一些开创了前所未有的资本盈利途径并且通常需要更多的资金来实现的技术发现的缘故而上涨一段时间。如果由于这些原因中的任何一个或者全部原因而导致利率发生变化,那么结果将如何呢?按照一般经济理论,资金利率将发生相应的变化,但是在这两者之间除了由两者的差异所引起的商品价格变化之外,不存在其他的联系,至少在我们复杂的现代金融体系中是这样。而这种联系是有弹性的,就像通常安装于车厢主体和车轴之间的螺旋弹簧。实际利率的增加因而不会立即引起银行的利率上升,而是后者和个人之间的贷款利率均在一段时间内保持不变。因此,相对于实际资本率,货币利率变得异常低,而这自然与货币利率似乎已经自发地随着没有变化的资本利率下降有一样的效

---

[1] 一个国家的人口的增长因而相对于价格的变动具有双重趋势。一种趋势是降低价格,因为它增加了商品的产量和周转量,因此增加了对货币的需求,另一种趋势是通过其对实际利率的影响而提高价格。只有一定比例的第一种趋势被持续的黄金生产、持续的黄金进口所抵消,而通过银行技术的发展(支票和结算业务)后一种趋势才能不受阻碍地产生效果。在纯粹的信用体系中银行能够很容易地满足国内贸易对货币的最大需求,情况就更会是这样。

现代社会中人口在城镇的集中对保持利率的贡献比人口实际增长的贡献还要大,因为城镇的发展以及一切与之相关的事物,比如新的建筑和交通方式,吸收了新积累资金的较大部分。

果——这种情况很少发生。常常是商品价格因此而不断攀升,企业需要更多的现金储备,银行贷款增加却没有相应的存款,银行储备、通常是黄金储备开始下降,银行不得不稍微提高利率,不过这并不妨碍价格不断上涨,直到利率已经达到了正常利率的水平。事实上,如果价格上涨本身孕育了对未来收益夸大的期望(这经常发生),对银行信贷的需求可能远远超过正常需求,为了保护自己,银行可能会被迫将利率提高,甚至超过自然利率或者贷款利率水平。此外,如果危机的迹象已经显现则更是如此;信心开始动摇,大金融机构的信用是唯一被接受的信用。相反的情况自然会出现在自然(或实际)利率下降和其后逐渐发生的银行利率相应下降的时候。我们的结论是,价格上涨伴随着高利率和上涨的利率,而商品价格下降伴随着低利率——这与我们的理论完全一致,但它却被当成了反驳我们所假设的货币利率和商品价格之间关系的证据。

"繁荣时期"是价格上涨的时代,这时企业处于忙碌状态,每个人都在挣钱、相信或者希望自己可以赚得不错的利润,这是一种常见的经历。"繁荣时期"以及商业世界中普遍乐观的情绪是对收益的预期造成的,而真正的基础无疑是某些企业已经由于技术或商业等的进展获得了收益。因此,实际利率较高,并且预计在未来的一段时间仍保持如此,而此时贷款利率保持不变。因此,根据我们的理论,价格上涨的环境产生了,但同样清楚的是银行迟早会因此提高利率,因为技术发现并没有给它们带来任何额外的货币供给,而且货币的流通速度和银行技术的完善程度都不能被提升到无限的程度。相反,较高的价格和业务量的增加,需要在流通中有更大量的硬通货或钞票。在"困难时期"的情况则与此相反。

也许有人因此认为,银行或货币利率的波动有时是商品价格波动的原因,而更多时候是它们所造成的。根据这种很多作者事实上所持有的观点,没有什么是本质上不合理的,因为在后一种情况下价格与利率的运动是在相同的方向而在前一种情况下它们是在相反的方向运动,而这并不奇怪;在许多其他经济现象中可以发现相似之处,这只是说明了作用和反作用的一般规律。因此,譬如对商品需求的增加有时与上涨的价格关联有时与下降的价格关联,要视价格的改变是因为需求增加引起还是因价格的改变引起了需求增加而定。然而,不能令人满意的是,对于在实践中非常重要的即那些不是由于黄金供给的改变或者对黄金生产国的黄金需求增加而引起的情况中,一般价格水平上升或者下降的根本原因仍然不明。但是,根据以上所述,价格对货币利率的影响和货币利率对价格的影响这两个现象,遵循同样的规律。在这两种情况下价格波动的主要原因是相同的,即正常利率与实际利率或贷款利率之间的差异,无论差异是如何产生的。银行降低利率会导致价格上涨,提高利率会导致价格下跌,只有当贷款利率因此而低于或高于正常利率时,才轮到正常利率与自然利率关联。同样,后者的波动,即我们所认为的所谓繁荣时期和困难时期的实质,只有在它们没有伴随着利率的相应调整时才会影响价格。如果另一方面,贷款利率的变化与实际利率的相应变化同时且一致地发生,那么(除了黄金产量的直接影响外)商品价格水平不会发生变化,尤其是不会发生渐进、累积的变化。

对贸易周期和危机的介绍

以上观点,只要它们涉及的"繁荣"与"困难"时期的价格波动,就与贸易周期的本质和原因相关,这部分我尚未有机会做进一步的阐述,因为这些内容我已于发表于 *Statsökonomisk Tidskrift*(1907年)在 Norwegian Statsöknonmiska Förening(Economic Clu)演讲的讲稿中提出了。这份讲稿并没有要对贸易周期令人费解的现象提出明确的解释,但确实指出了一个必要的、对于完整的解释而言迄今被经常忽视了的线索。而且我的看法与 Spiethoft 教授的看法非常一致。它的主要特点是,认为贸易周期的*真正原因*与商品价格的波动无关,因此商品价格的波动只是次要的,尽管在现实生活中,它们在危机的发展中仍然发挥着重要甚至主导的作用。

由于价格上涨几乎总是与盛世相伴而价格下跌总是与萧条为伍,所以认为这样的价格上涨是繁荣时期的原因而价格下降是经济衰退的原因是很自然的(但在我看来错了),正如根据 Clément Juglar 的观点(他这部分可能是正确的),危机的原因,或者更确切地说危机本身,包括商品价格上涨的突然停止。

与这种观点相一致的立场还包括诸如 Sombart 的从历史上看经济繁荣时期总是与黄金产量的增加相关的著名论断等。

这种价格的普遍上涨,或者说这种方式所造成的上涨,会成为对增加商务活动以及将大规模流动资本转化为固定资本的一种刺激,而这些是繁荣时期的突出特点,这一点所有人都同意,无须质疑。但是,如果那时必不可少的实际资本的形成只是基于价格上涨本身，即由于收入固定的人或社会阶层所削减的那部分消费，那么这种繁荣几乎不会很大或者持久。此外，这一观点的支持者所注意到的黄金产量的大量增加与繁荣时期两者之间一贯的平行性，在我看来是正确的，但却被其他人，如 Spiethoff，所质疑。

我们更不能接受那个首先由 Tugan Baronowski 提出、后来又被 Lescure（在他关于危机的作品中）采纳的观点，按照这个观点，无论繁荣时期的价格上涨，还是危机期间和危机之后的价格下跌，都与货币体系没有关系，而完全是由生产和市场的现象所引起的。那么，如果按照这种观点，增加产量和由此带来的某些商品的供应增加，特别是对那些需求弹性较小的商品，如食品，将会导致这些商品的价格严重下降，由于卖家因此而得到的并且用于其他商品需求的货币数量更少，于是价格的下跌也将蔓延到这些其他商品，并会导致萧条和危机（*surproduction généraliséesh* in contrast to *surproduction générale*，从前最常见的危机理论解释，但现在大多被抛弃了）。

很明显这里忽略了的一个事实，那就是就前一种商品的卖方来说根据这个假设会下降的购买力，就买方来说会增加到相应的程度。如果后者只需要提供他们收入的一小部分来满足他们对这种或者这类商品的需求，那么他们会有相对较大的一部分剩下来满足对其他商品的需求，因此这些其他商品的价格上涨并非是不可能的（与理论完全相反），从而可能弥补已降价商品的价格下跌。

因为按照价格的一般理论，解释任何特定的变化而不考虑那个构成了在所有价格形成中进行比较的基础的东西，即货币及其替代品——或者加快其流通速度的手段——信用，总的来说是徒劳的。从纯理论来说，我们可以自由地创造任何我们喜欢的价格度量。例如，让我们假设，我们不像在瑞典那样用 0.4 克黄金而是选定 1 公斤生铁作为我们的货币价值单位。那么，既然在所有的商品中生铁通常在危机前后显示出最剧烈的价格波动，这种价值尺度的选择将意味着所有商品的价格（除了生铁，它将保持不变）将在繁荣时期下降并在随后的萧条期上涨。实际上价格变化发生在相反的方向只能解释为价格度量选择了黄金而不是生铁。然而，区别不在于黄金作为一种商品，其工业用途在繁荣时期的需求比在萧条期少的事实（相反的情况当然也是确实的），而在于它作为商品的性质与影响其价值的其他因素无关。黄金在其技术应用中的效用与生铁不同，至少在这里所考虑的短时期内，对于铸币的流通速度加快或者减缓以及信贷的扩张或收缩而引起的交换价值的变化，无法提供值得一提的对抗力。

当然，除了由银行所采取的任何措施外，最后提到的因素确实对个体之间有一定的影响。繁荣所带来的总体信心无疑具有显著扩大商人一般往来账户之间债权债务的影响（在萧条时期情况正相反），但是一般而论，尤其时下，很可能是银行通过票据贴现和其他信贷手段调节流通工具的数量。在我们的以上所述之后，我们可以理所当然地认为确定这种银行信贷被接受程度的主要因素必然是它的价格、相对价格与生产和流通中所运用资本的收益率或预期收益率相关的银行利率。

因此我们的结论是，在现有的条件下，信贷造成的货币购买力变化从根本上与工业波动密不可分而且毫无疑问地会影响它们，特别是在造成危机这方面，不过我们不必认为现象之间有必然的联系。

更确切地说,应该在以下的事实中寻找周期性波动的主要和充分的原因,即本质上技术和商业的进步不能和我们这个时代增加的需求(特别是由于人口增加的相关现象)保持同步,而是有时加快,有时延后。在前一种情况下人们尽可能快地争取利用有利条件是很自然而且在经济上是合理的,而且由于新的发现、发明和其他方面的改进几乎总是需要各种准备工作,因此发生了大量的流动资本转化为固定资本,这是每一次经济繁荣的必然先兆,实际上可能是唯一完全典型的标志,或者至少是不可或缺的一个。

而且,如果这些技术改进已经被运用且没有其他的可用了,或者至少没有已经充分验证或者有望超出归属于所有新企业的风险边际的利润,将会有一个衰退期;人们不会用现在以这种固定形式积累下来的资本冒险,而是会尽可能地将其保持在一个易变现的、可利用的形式。

不难理解在前一种情况下那些用于固定资本建设的砖、木材、钢铁等商品(原材料)会被大量需求而且价格上涨,而在萧条期对它们的需求减少、价格下跌。但是这种价格的上涨或者下跌,在通常条件下应该伴随着其他商品的价格朝相反方向的变动,因此平均价格水平将保持不变。如果银行在繁荣之始充分地提高利率而在萧条期之初降低它们,很可能就是这种情况。在这种情况下,很可能产生危机的真正原因会被消除,并且剩下的只是周期之间的平稳波动,在这些周期中,新形成的资本会以而且从经济上讲应当以我们现在所谈起的,但是在以前所有的贸易周期理论中几乎完全被忽视了的其他形式呈现。

由于在贸易周期的上行期对新资本的需求通常太大，以至于无法由当时的储蓄来满足，即使它被一个更高的利率所刺激，但是又由于在经济不景气时尽管储蓄并未完全停止，可是这种需求几乎为零，所以在繁荣时期利率和商品价格的上涨以及它们在经济不景气时的下降，如果没有所有生产耐用品行业库存的补充和消耗充当调节器或"降落伞"，大概会比现在更严重。当需求下降时，制造商如果不想解雇工人或者让他们只工作一半的时间，那么除了为库存工作以外别无他法，而且他们通常会这样做，因为工资已经普遍下降，而且他们预期以后发生的价格上涨所带来的收益将超过将存货保持长达数年的损失。〔在某些年份每1,000块砖的价格曾经从25克朗变化到40克朗。如果每年的租金和仓储费用估计占全部产值的10%（这个比例有点夸大了），那么把存货持有5年在经济上是可行的，如果可以确信在期末的价格较高的话。〕库存的积累可能是在经济不景气时新资本积累最重要的形式。在随后的繁荣时期对用于生产和消费的原材料和产成品大幅增加的需求在很大程度是由这些库存满足的，无论是直接满足还是通过用于交换其他国家的产品。

显然，如果银行提供充足的廉价信贷，为了库存的工作将被大大促进。那么制造商就不需要等待工资和原材料价格的下跌，即使它们自己产品的价格温和地下降，与低廉的贷款利率相结合，提高库存、以正常价格销售几年后降低库存也会使它们获利。

在我看来，此前的理论在关于其认为繁荣时期库存提高而在困难时期库存下降（所谓的过度生产理论）的方面是把整个事情弄颠倒了。要理解在前一种情况下的过量和后一种情况下的短缺出自何种原因是不太容易的。事实上,在繁荣时期消费需求增加,大量的劳动和土地从当前商品的生产中撤出。我们也无法理解为什么务实的商人应该习惯性地选择这样一个颠倒的程序,即为了在价格低时出售而在生产成本高时进行存货。甚至萧条期间大规模失业(或工作时间短)的假设也不足以作为一个解释,都不用说这种说法言过其实了,因为失业本身就意味着消费大大降低了。

不幸的是在这方面我们也缺乏详细的、能够最终解决这个问题的商业统计数据。然而,从对商人的调查中我了解到,正是在萧条时期他们被强迫为存货工作,而且他们绝不会在繁荣时期这样做,因为他们这时往往不能够充分满足对他们商品的需求。而这似乎是不言而喻的。如果我们问在什么时候制造商会理智地把贷款称为好事,并采取行动扩大自己的产量,答案一定是在对其商品的需求开始超过了生产能力之时。但是,这是他以前扩大了的库存开始下降的时刻,也就是说,在数学上,当它们已经达到了最大值时,而不是其最小规模。一个显而易见的反对这种观点的理由是通常伴随着危机价格猛烈下跌,但是此事的原因不需要在库存的积累中寻找。没有一个制造商会仅仅因为仓库满了,而以一个低迷的价格出售货物。但如果他被拒绝提供信贷,并且不得不获得现款,那么他将被迫不惜任何代价出售他的产品,无论库存是大还是小。

然而在没有全面统计数据的情况下,我们必须满足于对各论据的权衡。Spiethoff〔在其 *Verein füe Sozialpolitik*(1903)中对交易的论述中〕提到的一个众所周知的事实是在萧条时期制造商的库房里被从地面堆到了天花板。Herkner(在 *Handwörterbuch der Staatswissenschaften* 第 3 版的文章"krisen"中)通过引用 Esslen 和 Merovich 的作品质疑了这一事实。但是，Esslen 的作品没有关于这方面的信息，而 Merovich 的作品，据我所知，还未发表。*Verein füe Sozialpolitik* 曾经发出的综合问卷，是调查 1900 年经济危机的基础，而其中居然没有包括任何关于库存规模的问题，从这一事实就可以看出迄今对于这个重要的问题的考虑是多么得少。

10. 结论：货币的实际组织

如果我们总结一下已经论述过的内容，就会发现商品价格水平变动有两种本质的原因。

首先，生产贵金属的国家、特别是生产黄金的国家对于商品以及由对其进行支付所带来的黄金运输的需求，如果这一需求大于非黄金生产国在现行的商品价格下对于新生产黄金的相应需求（无论是由于工业用途，还是由于人口增长或者对货币使用的增加），必然导致在非黄金生产国家中价格上涨，而如果小于那种需求，则价格下跌。两者通常都伴随着货币数量以及流通货币量绝对值的增加，但是相对于交易量，在前一种情况下增加，而在后一种情况下降低。

其次，由于某种原因借款利息低于或高于通常情况下由当时的实际利率所控制的水平，只要这种情况一直持续下去，必然导致价格的逐步上涨或者下跌，而且在此期间流通媒介适应需求变化的方式，不是通过货币（黄金）数量的增加或者减少，而是通过信贷机构加快或者降低(实际或虚拟)货币流通速度。

将这两种原因归入一种共同的原因(正如我曾经按照李嘉图的例子,在我早期的作品《资本与利息》中所做的那样)是不可能的,因为货币数量和流通速度是两种不同的事情,即使它们都对价格水平有影响。只有新生产的黄金以"资本"的形式存放在银行,也就是没有在不久之后就以支票或者票据的形式被取出,它才会造成利率下降,并以该种方式影响价格。但是,这并不一定会发生,而且,与李嘉图的观点相反,这通常不会发生。更确切地说是大部分黄金以支付货款的形式流入,然后依照其超出对新生产黄金需求的程度,直接影响价格上涨,而不降低利率。实际上,根据我们前面已经阐述过的假设,这种效应甚至可能早于黄金的流入,在这种情况下,它对利率的影响更可能是在相反的方向上。

只要黄金生产仍然由私营企业所控制,并且对个人的黄金自由铸币仍被保留,我们就显然地对*此种价格变动的原因没有控制力*。合理控制价格水平的唯一可能性一定在另一个方向上,即适当调节银行的利率政策。理论上这些措施在所有的情况下都应该是足够的,因为从长远来看贴现率的自发升高或降低对价格的影响力比任何其他的因素都大很多。然而,在实践中,它遇到了在现有条件下几乎无法克服的困难。

在那些长久以来给经济学家带来最大困难的情况中,也就是在来自生产国的黄金流入减少且黄金面临短缺的情况中,这种方法比较简单。充分降低利率应该能够成功地抵消可能无法避免的价格压力;而实现它的唯一障碍事实上是银行的黄金供应将不足以填补由黄金生产的减少所带来的黄金在公众流通之中的缺失。

但是，对此合适的补救方法，一部分是在甚至是较大的贸易国家中发行低面额钞票，就像在80年代时在好几个地方曾被提出的那样，当时黄金面临短缺，并且如果这种短缺当时继续持续下去[①]，这种做法很有可能就被实施了；另一部分是根据开设银行账户的习惯在公众中愈加广泛普及的情况，增加银行信贷的使用。对于国内业务的需求更是如此。至于国际收支，如果银行持有在外国银行的存款，则保持大量黄金储备用于最终国外支付的必要性可能会降至任何程度，这种情况已经出现了，而且只要对外付款都集中在银行手中，这是很自然的事情。特别是在像瑞典这种黄金储备通常不用于国内贸易的国家，外国汇票可以代替黄金而又不会给法律所规定的纸币准备金带来任何风险，这一点是毫无疑问的。在贸易逆差的情况下，这些票据在市场上所拥有的更高价格，以及银行本身为了增加外币储备以备不时之需而被迫支付的借款利息，或者它们为了获得这样的增持而必须输出的票据的价值降低，将像黄金外流的威胁一样，使得银行有必要提高其利率以恢复平衡，除非外国通过降低其自己的利率取得了同样的效果。

对信贷替代黄金唯一的真正限制似乎是当黄金产量已经下降到低至不能满足对黄金的工业需求时，其工业需求会转向银行剩余的存量，并很快地使其数量骤减。在这种情况下，对于依然想要防止商品价格下跌来说，除了解除银行用黄金承兑其纸币的义务外别无他法，换言之，就是采用不可兑换纸币；我们将很快回到对

[①] 不能说德国在战前所发生的降低银行纸币面额是由于黄金的短缺。采取这项措施不如说是由于私营经济的原因，或者是狭义上的公共经济原因。就整体价格动态而论它反而有不利的影响，即它加重了由黄金产量的大量增加而带来的价格上涨。

这项措施的讨论,但是在此刻和不久的将来不一定会采取这项措施[①]。

另一方面,黄金供应过大以及所有商品和服务的价格随之上涨时的情况困难得多。在这方面还没有多少深入的讨论,不过从各种迹象看来这一定是始于 1906 年。银行收缩信贷可能会起到矫正作用,但是这要比实现扩张困难得多,因为它与经济力量所试图造成的发展趋势相反。在那些有小面额纸币的国家,取消这些纸币当然会给黄金在一般流通中留出空间,但是这自然会牺牲在这些国家中目前通常是由政府所得到的利益,结果给纳税人带来额外的负担。同样,在主要欧洲国家中,这项措施是不可行的,因为黄金已经在那些地方大规模地流通了。如果取消英国的 5 英镑钞票和德国的 100 马克钞票,那么最小面额的钞票将是 10 英镑或者 200 马克,这只会给交易带来不便,而且可能不会起到任何作用,因为纸币,特别是在英国,正在或多或少地被支票所取代。至于有时候被提出的要求非发行银行为他们的存款和往来账户保持大量黄金储备作为担保的建议,这样的措施,如果不是出于增加银行安全性和稳健性的实际需求(这是难以证明的),必然会被视为一个不必要并且高代价的限制措施。

因此,针对大量、持续的黄金产量增加,除非我们准备承担在商品价格方面的后果,因为它们最终一定会根据对黄金的需求自我调整到均衡状态,然而是在一个相当高的价格水平,否则除了过

[①] 写于世界大战前。——编者注。

去几乎到处都采用了的对于银的措施——即取消对个人的自由铸币[①]以外,几乎没有任何其他能令人完全满意的补救措施。如果我们看一下在荷兰和英属印度(在这些国家中大部分硬通货由银构成)自由铸币的取消对其货币价值的作用,就不会对这样一项措施会对维持当前的价格水平以及商品和服务的购买力完全有效再有什么合理的怀疑了。无论银与黄金的比价是多少都没有任何困难,在荷兰以旧的比价 $1:15\frac{1}{2}$,在印度以新的比价 $1:22$,都一样没有困难,因而就商品而言,除了黄金所经受的那些之外,任何其他的变动以及因此可能由诸如随后的银价大跌所引起的变动都被消除了。从经济学的角度上来看,这一措施非常节约,并且与通过收缩信贷将货币的价值努力维持在目前的水平并同时保留自由铸币相比,这将是更可取的,因为以那种方式,正如戴维森所恰当地指出的,黄金生产仍然会被保持在目前的过度规模上,甚至有可能还会增加。那将是对资本和劳动的浪费,而从经济的角度上来说它们本应该可以被更有效地利用。

唯一会抱怨的人是金矿的股东,他们投入其中的巨额资金将

[①] 也可以设想另一种替代方案,即在减轻银行用黄金兑换其纸币的义务或者以一个固定的价格接受黄金的同时保留自由铸币。换言之,黄金铸币将变成一种单纯的、以不同的兑换率易手的交换货币,就像从前以银为货币的国家那样。于是纸币会成为价值的尺度,而以一种我们很快将尽力解释的方式参考商品和其他国家的货币来保持其价值,将成为中央银行的责任。从某种意义上说,也许后一种方法是最合理的,因为国家应确保黄金铸币的成色和重量在本质上是一种合理的要求,而要求黄金铸币也应该调节所有的经济预测和协定则没有明显理由。另外,在日常事务中使用购买力不确定并且变动的货币所带来的不便是如此之大,以至于上面所提到的替代方案——限制铸币,将被优先考虑。

不再提供预期收益；事实上在某些情况下，可能根本没有任何收益。然而，这是一个次要的考虑因素。黄金生产商的利益不能或者至少不应该被作为在这个问题上的决定性因素，也不应该再把任何相比于在允许保持银价来阻止取消白银自由铸币或者在美国废除布兰德和谢尔曼法案（Bland and Sherman Bills）情况中的银矿主的利益更为重要且更为综合的利益置之不理。

我们现在来讨论主要问题，那就是在不牺牲金本位制自由铸币的优势，特别是它现在所具有的公正的、估价很高的国际交易媒介优势的情况下，这样一项措施是否可行？单一国家，无论它多么重要，独自推出这样的措施当然会把自己从目前固定的货币平价和相对稳定的外汇兑换率中隔离出来。该国的货币，在不允许个人自由铸币的情况下，通常具有较高的、可能比其他国家的黄金货币高出很多的价值，但同时这个价值也是不稳定的。当偶尔出现对外贸易支付逆差时，该国的金币不能作为向国外支付的媒介，或者至少只有在极其必要并且其价值在国内严重下跌后的情况下才可以用作支付媒介；为了实现付款就必须首先使用未铸币的黄金存量以及银行或者个人出于对这种目的的投机而持有的外币，其次，也是最重要的，使用的是现有的海外财产，如证券等。实际上，即使在目前的条件下，这种支付方式也正在取得更广泛的应用，经验表明，无论是从前以银为货币的国家在取消银的自由铸币后，还是以纸币为货币的国家，如近代的奥地利，通过合理的铸币使用、纸币发行和贴息政策，都已经能够成功地保持自己传统的货币与其他国家的黄金货币平价。因此，在一个通过取消了黄金自由铸币而已经使其黄金货币的价值高于其金属价值的国家，保持它，亦即防止偶然的、不必要的干扰,没有什么特别的困难。当然,相对于其他国家的货币它绝不会保持完全稳定,因为废除自由铸币的目的就是为了防止货币的价值跟随外币在可预期的金属和自由铸币价值下跌时下跌。这将是该国为了在其国内保持价值尺度以及商品和服务的平均价格水平尽可能稳定的好处而不得不接受的不便。

如果其他国家效仿这一做法(虽然起初是逐渐地),而与此同时黄金的价值继续下跌,那么就可能会有这样的不便:我们可能在不同国家中有一系列的黄金货币,它们相对于商品的价值,也就是它们的内在价值,将取决于其本身的重量和成色以外的情况。这就是曾经或多或少地发生在不同国家的银货币上的情况,例如法国的法郎、德国的泰勒、奥地利的老银盾、印度的卢比和墨西哥银圆;它们相对其银含量皆有不同的价值。毫无疑问,最简单、最有效的办法是根据主要大国之间的协议同时取消黄金自由铸币(假设有足够的理由采取这项措施),在这种情况下,其他的国家肯定会效仿。这时,从某种程度上说,通过将货币在空间与时间上的稳定性结合起来,在保持现有体系所有优点的同时并避免其不便性似乎不存在不可逾越的障碍。

至于我们问题的前半部分——即保持不同国家黄金货币之间的稳定内在价值,它们之间的关系与其黄金含量之间的关系应该是相同的,即使它们的价值都已超出了金属黄金的价值也是如此,人们最初可能会设想,它可以通过类似于对于白银的拉丁联盟那样的一个国际协议来完成,从而使各国的黄金货币成为法定货币,或者至少被各个国家的公共财政所接受。但这几乎是不可行的,因为这需要关于黄金铸币的共同规定，该规定可能只允许黄金铸币达到与某种限度，例如以某种方式与人口相关联的最大限度。否则，某些国家可能会利用自身低廉的黄金价格铸造大量的黄金货币，并且以支付货款的形式把它们倾泻到其他国家，这是一个非常有利可图的生意。但是，对此进行限制是困难的，甚至是不可能的，因为在不同的国家和不同的时期每个人对货币的需要有很大不同。因此，最好的办法似乎是把国际货币价值的调控权交给那些目前控制它们的机构，即大银行的贴息政策，但是只要金属货币仍然是价值的尺度，它就必须被政府的货币政策所支持。没有什么是比各个国家中央银行之间的协议更加绝对必要了，就是我们所描述的那种（并且实际上已经在斯堪的纳维亚国家的中央银行之间存在的）按照面值以其本国的货币和纸币兑换各个国家的票据和纸币的协议（当然对各方的黄金货币也是这样，不过这在当时并不是非常重要）。那么，决定它们如何交换或者这些纸币和票据的去向，以及它们将在何种程度、以何种利率给予对方长期信用，将是银行自己的事。这样，各个国家的货币和纸币将继续只在该国内部是法定货币，但它们仍然可以和银行的汇票一起用于对外支付，而且和它们一样没有任何兑换损失，因为它们总是会按照面值被中央银行及其分支机构兑现，并且极有可能也会很快被其他银行兑现。

保持货币*在时间上*具有稳定价值，即货币对商品购买力的稳定性，这个困难得多的问题仍然存在。很明显，如果各个国家之间一直保持铸币平价，则任何一个国家都无法独自地实现这一点。它必须通过所有国家尤其是这些国家的中央银行所共同采取的措施来实现——不过从以上所述来看很难说它是哪种措施。我们已经看到,这里所建议的体系,绝不会降低各国中央银行不时地改变其利率以抵消在对外支付中偶尔出现的或持久的变化的必要性。尽管事实上往往被忽视,但这种必要性在任何体系中都将一直存在,无论不同的国家可能会结成的货币联盟是多么亲密,甚至就算采用了由一个中央银行发行通用的世界性纸币的提议也是如此。但是,这种利率的上涨和下跌本质上是相对的;它们总是以外币利率为基础。因此可以通过两种不同的方式获得同样的结果:通过提高贸易逆差国家的贴现率和降低同一时间出现贸易顺差国家的贴现率。因此,借用一个机械学的术语来说,该体系具有*双自由度*:即银行关于彼此的、发挥平衡各个国家之间借贷职能的利率政策,且与之并存,还应该有一个统一的政策,也就是在世界各地不时地提高或降低银行利率,以便在商品价格水平表现出上升趋势时压低它而在它表现出下降趋势时提高它。这种安排在现实中并不会如人们所认为的那样不真实,因为各国利率振荡所围绕的点以及它们或多或少所锚定的点,如已经说明的那样,仅仅由任何特定国家在任何特殊情况时的正常利率或者实际利率所控制。此外,把这个职能留给中央银行的利率政策,而不是如人们所想象的那样将其留给各国政府的统一货币政策,还有另外一个原因。只要黄金生产仍然是充裕的,事实上,各国政府能够通过限制铸币而把其铸币的价值提升到任何高于其金属价值的高度。但是,如果金矿和黄金产地在未来的某个时间再次枯竭,金属黄金的价值上涨至与铸造金币相同的价值,甚至高于它的价值,那么任何这样的措施都无法阻止货币价值上涨和商品价格下跌。历史已经表明,禁止熔化黄金实际上是没有用处的，而且理由很充分。在这种情况下，为了抬高价格而提高纸币发行量或者扩大一些其他的信贷来抵消*流通媒介*的不足，最终将成为银行的责任，而且只有通过它们相互协商并习惯于为所有不测事件准备采取共同的行动才会有帮助。而且，从更高的经济角度上来看，使用黄金这样昂贵的材料纯粹是浪费。世界的黄金铸币，估计为400亿克朗，如果将其用于工业用途自然会有更大的益处，而且即使从纯商业的观点来看，在有损失的情况下被迫出售黄金，也比把它们丢弃在经济上更有优势。钞票，或者用更通用的术语说银行券，作为一种独立的价值尺度，不依赖于物质实体，不论是金或银，并以如上所述的方式在空间和时间上保持价值稳定，无疑是货币体系应努力实现的最理想方式。

最后，关于引入这种改革的技术难度，没有理由低估或者夸大它们。现有的价格统计还没有充分发展到可以准确或者可靠地计算价格波动，这一点无可辩驳，而且即使统计数据可以像设想的那样完整，对于价格和兑换的调节，尤其是要使它在整个世界内有效，也只能是近似的，而且在一定程度上是纯粹协议性质的。但是，这些困难必须一如既往地根据被要求去满足的需求的紧迫性以及需要被补救的弊端进行评估和权衡。如果黄金产量再次减少，或者过量的黄金被那些（正如90年代所发生的那样）还没有发现其有必要获取大量黄金存量的国家所吸收了，并且如果其结果是商品价格在不久的将来只显现出小幅度或者不明确的变化，那么尝试对现有的金本位制度进行改革也许将是愚蠢的，它毫无疑问在理论上最简单并在实践中具有很大而且名副其实的优势。但是，如果我们面临着黄金的真正过剩，未来的价格水平显示出了明确无误和持续的上升趋势以及所有必然发生的社会不便，即使相反的情况（黄金严重短缺）会发生，那么想必也可以非常清晰地感觉到对现行货币体系进行改革的需要，以至于无法不这样做，并且将会发现实现它的切实可行的手段，即使它们在一开始没有达到完美的程度。

关于欧文·费雪的调节货币购买力提案的介绍[①]

一个近来被广泛讨论的关于调节货币价值的提案，是美国教授欧文·费雪（Irving Fisher）的提案，他首先在其《货币的购买力》(*The Purchasing Power of Money*)中提到了它，后来在发表于各种期刊的文章中、特别是《经济学季刊》(*The Quarterly Journal of Economics*)1913年3月刊的文章中提了出来，在这里他提出了"补偿美元"计划。根据这一方案，黄金的自由铸币被保留，但不是像现在这样只是扣除铸币的费用（铸造货币费），而是引入了或多或少非常重要的货币铸造税，它的确定在原则上要使在任一特定时刻实际交换一枚铸币美元（或者其他金币或其他黄金面额的纸币）所用的金属黄金与目前黄金相对于其他商品的购买力成反比。这样一来，根据欧文·费雪的观点，我们能够保持对货物的*购买力稳定*，因此用铸币黄金计算的平均物价水平将保持稳定。另一

---

① 正如笔者在第二版瑞典版的序言中说明的，可以把这个介绍视为是对他的论文《对货币价值的调节》(The Regulation of the Value of Money)（发表于 *Ekon Tidskrift*, xv, 134-142（1913））的简单介绍。另外参见 224—227 页，在该论文中他说是戴维森教授的一篇文章曾使他认识到了费雪计划的"根本缺陷"。

第四章　货币的交换价值

方面国家财政将有义务随时根据要求按照任一时间的购买力所对应的金属黄金来兑换金币或纸币。财政在物价上涨期间得到的以金属黄金计算的收益，即从黄金贬值中所获得的收益，会形成一笔基金，而这会帮助他们在没有牺牲收益的情况下，在对金属黄金的需求超出同期提供给政府用于铸币的金属黄金数量的情况中履行兑换义务。为了防止在黄金价值上升和下降期间的投机，根据欧文·费雪的观点，铸币税应该按照一种较小的程度连续改变，以使得这些变化可以被那些可能因为预期将其兑换为金属黄金、黄金金币或纸币时能够获利而倾向于持有黄金金币（或纸币）的人的利息损失所抵消。

很明显，这种办法只能在基于金属黄金价格保持低于其在采取改革措施时的价格的前提下采用，这样货币铸造税才总会是正值，这是很明显的，费雪也承认这一点。在相反的情况下，国家将被迫去铸造比与提供给政府用于铸币的相应金属黄金更重的铸币，这是不可想象的，因为很快会出现把铸币融掉，再拿着黄金到铸币厂铸币的情况。

但是除了这个缺点外，该方法还有另一个问题，而这一点无论费雪还是他的大多数批评者似乎都没有注意到。它清晰地假定金属黄金相对于商品的交换价值不会显著地受到货币铸造税的影响。就美国这样规模的一个特定国家而言，可以在某种程度上做出这种假定，但是如果那样的话，整个措施将仅仅等同于在该国内部的一种有限铸币，而金属黄金作为一个整体（或者其没有被工业用途所吸收的部分）将流向那些还能够按原来比率自由铸造，即没有货币铸造税的国家。换句话说，该国此时应该已经在自己国内解决了保持货币对商品购买力的问题（或者我们所谓的时间上的恒定），但这是以牺牲空间上的恒定，即相对于其他国家货币的恒定为代价的。

如果所有国家都采取同样的计划，则情况将完全不同，当然，这正是费雪的目的，或者也可以说，如果它被看成是在一个封闭的、生产自己所用黄金的国家采用了这一计划，这与前面所说的是一回事。当然，在这种情况下，金属黄金的交换价值也将受到货币铸造税的影响，而它在这里将成为所计划的提高黄金铸币购买力的障碍。

费雪没有完全否认这一点，但是他认为在没有其他原因时，金属黄金的价值下跌大约只会构成货币铸造税的一半，因此剩下的一半不管怎么样都将带来铸币黄金购买力的相应增长。然而，这仅仅是猜测，而且是一个不大可能的猜测。如果我们像费雪总是在其他地方所做的那样，从货币数量论的角度来看，那么很显然，这种措施只能按照它所成功地引起的缩减或者防止国内现存货币总量即将增加的程度影响商品价格水平。现在每年所产黄金量和更多一些的可用于铸币目的的黄金数量，只是现有铸币数量的一小部分。因此，当货币铸造税刚开始被征收或者改变时，事实上只会对货币总量有非常轻微的影响。它对铸币或者纸币总量的影响，以及从而对价格水平的影响，将只限于一小部分中的一小部分，或者说在实际中会是零；由于这个原因，当货币铸造税征收或者改变时，金属黄金的价值大概会以几乎全部货币铸造税的数额下降。

另一方面，对金属交换价值的这种压力当然会使得黄金生产从长远来看不赚钱,同时也会增加黄金在工业上的消耗量。因此从长远来看,费雪的方法无疑将行之有效,也就是说,它会在某种程度上提前实现生产与消费之间否则也迟早会实现的、不过比较缓慢的、未加抑制的物价上涨本身所带来的平衡。但是,那种用这种方式可以实现任何类似稳定的价格水平的想法必须被驳斥是不切实际的。

在经济危机时,正如比利时的 Ansiaux 所指出的,费雪的方法可能产生致命的后果。在经济周期的上行期,当商品的价格借助于信贷的提供而上涨时,按照费雪的计划,国家和中央银行会通过连续提高铸币税来努力消除这种物价的上涨,可是这必定只能取得部分的成功。当经济危机发生而且信用被紧缩后,应运而生的是对黄金铸币和纸币的需求增加,这时银行自己应该已经没有了发行足够数量货币的可能性,因为已经开始征收的铸币税的税率只能慢慢地改变。危机可能会因此变得更加严重。

针对费雪的计划,人们可以提出而且已经提出了各种其他的实践或理论方面的意见,但是如果上述的批评被认可,那么其理论基础就太薄弱了,以至于我们难以认为它有任何真正的重要性。

至多可以承认该计划是朝着正确的方向所迈出的一步,但是就像在这里所看起来的情况那样,如果这一步或几步太小了,以致它们所发挥的影响很少或者根本没有影响,另一方面它们的作用被延缓了一段时间,而那时已经有迹象表明需要采取相反的措施,那么恐怕连这点优势都要被怀疑了。

费雪方法的真正优势在于,表面上,所有事情都会如同现在一样继续,因此大众甚至不会注意到变化①。然而,这样一个*迎合无知听众的论断*,其价值似乎令人怀疑。其所提议的改革的实质是把别的东西摆在价值尺度的位置,而不是现在所用的黄金上。那么,为什么不彻底一些,选择某个不同的工具,以此来合理地确保所讨论的目标,即稳定的价格水平呢?

---

① 这行和以下几行在德语版中被省略掉了。

图书在版编目(CIP)数据

国民经济学讲义/(瑞典)克努特·维克塞尔著;解革,刘海琳译.—北京:商务印书馆,2017
(经济学名著译丛)
ISBN 978-7-100-12837-7

Ⅰ.①国… Ⅱ.①克…②解…③刘… Ⅲ.①国民经济—经济学—研究 Ⅳ.①F014.1

中国版本图书馆CIP数据核字(2016)第313256号

权利保留,侵权必究。

经济学名著译丛

国民经济学讲义

(上、下卷)

〔瑞典〕克努特·维克塞尔 著
解 革 刘海琳 译

商 务 印 书 馆 出 版
(北京王府井大街36号 邮政编码100710)
商 务 印 书 馆 发 行
北 京 冠 中 印 刷 厂 印 刷
ISBN 978-7-100-12837-7

2017年2月第1版　　开本850×1168 1/32
2017年2月北京第1次印刷　印张18
定价:58.00元